HITLER, A TIRANIA E A PSICANÁLISE

ENSAIO SOBRE A DESTRUIÇÃO DA CIVILIZAÇÃO

Jean-Gérard BURSZTEIN

HITLER, A TIRANIA E A PSICANÁLISE

ENSAIO SOBRE A DESTRUIÇÃO DA CIVILIZAÇÃO

Companhia de Freud
editora

TÍTULO ORIGINAL
HITLER, LA TYRANNIE ET LA PSYCHANALYSE
Essai sur la destruction de la civilisation

EDITORAÇÃO ELETRÔNICA
FA - Editoração Eletrônica

TRADUÇÃO
Dulce Duque Estrada

REVISÃO
Sandra Regina Felgueiras

FICHA CATALOGRÁFICA

B972h

Bursztein, Jean-Gérard.

Hitler, a tirania e a psicanálise : ensaio sobre a destruição da civilização / Jean-Gérard Bursztein ; [tradução Dulce Duque Estrada]. – Rio de Janeiro : Companhia de Freud, 1998.

96 p. ; 23 cm.

ISBN 85-85717-13-0

Tradução de: Hitler, la tyrannie et la psychanalyse: essai sur la destruction de la civilisation.

Inclui bibliografia.

1. Ciências sociais e psicanálise. 2. Nazismo – Aspectos psicológicos. 3. Psicologia social. I. Título.

CDD-150.195

Companhia de Freud
editora

ENDEREÇO PARA CORRESPONDÊNCIA
Rua Visconde de Pirajá, 547 - Sala 702
Cep 22415-900 - Ipanema - Rio de Janeiro
Tel.: (021) 540-7954 – Telefax: (021) 239-9492
email: tereza@ism.com.br

"No terreno da nossa análise do eu, não há dúvida de que, no *maníaco*, *"eu"* e *"ideal do eu"* confluíram, a ponto de que a pessoa cujo humor não é perturbado por nenhuma autocrítica, feita de triunfo e de deslumbramento de si mesma, pode se rejubilar pelo desaparecimento de suas inibições, da consideração pelos outros e das autocensuras."[1]

"A manutenção da civilização, mesmo sobre uma base tão discutível quanto a hipocrisia, permite esperar que cada nova geração venha a abrir o caminho para um remanejamento pulsional contínuo, portador de uma civilização melhor".[2]

---

[1] *Psychologie des foules et analyse du Moi, Essai de psychanalyse*, Sigmund Freud.

[2] *Considerations actuelles sur la guerre et la mort*, Sigmund Freud.

ÍNDICE

INTRODUÇÃO

Uma conta a acertar com o nazismo ... *9*

PRIMEIRA PARTE

A TEORIA PSICANALÍTICA DO LAÇO SOCIAL ... *11*

I. O fundamento do laço social ... *13*

II. A psicose social e o racismo ... *23*

III. O conceito psicanalítico de tirania ... *27*

IV. A hipnose como grau zero do laço social ... *38*

SEGUNDA PARTE

HITLER, O NAZISMO E OS JUDEUS ... *43*

V. O contexto alemão do entre-duas-guerras ... *45*

VI. A psicose maníaco-depressiva de Hitler ... *49*

VII. O extermínio dos judeus como vitória do delírio ... *61*

TERCEIRA PARTE

O ENGAJAMENTO DO PSICANALISTA NA CIVILIZAÇÃO ... *77*

VIII. O conceito psicanalítico de progresso ... *79*

ANEXO ... *87*

BIBLIOGRAFIA ... *93*

INTRODUÇÃO

UMA CONTA A ACERTAR COM O NAZISMO

Apesar da enorme massa de conhecimentos acumulados, o nazismo provoca uma verdadeira inibição de pensamento, um interdito de saber. Tomando de empréstimo ao historiador Walter Laqueur o título de uma de suas obras, *Le terrifiant secret,* diremos que a renegação da realidade concernente à "solução final" não cessa de persistir. Disso testemunham as tentativas de revisão da História onde se exprime a renegação do assassinato cometido contra os judeus — entre outros — pelos nazistas e por um número importante de homens arrastados pelo furacão da guerra.

Esse *interdito de saber* a propósito das câmaras de gás resulta, talvez, como foi dito, da preocupação das autoridades militares vitoriosas da época em minimizar esse assunto, essa barbárie moderna, para não desmoralizar os povos.

Nossa explicação da renegação é diferente. Gostaríamos de mostrar que esses extermínios e massacres só podem se explicar por terem sido atos de ódio visando "os judeus", portadores, à revelia, de um significante: o da Lei. Lei que está no fundamento da civilização ocidental.

A nosso ver, não se tratava, portanto, de uma guerra comum, mas de uma tentativa de parricídio em escala histórica. Aliás, depois de sua vitória sobre o nazismo, os aliados inscreveram este princípio nos textos, por ocasião do processo exemplar de Nuremberg: ali foi re-elaborada e realmente elevada à dimensão universal a distinção entre crime de guerra e crime contra a humanidade. Esta é a requisição do Juiz Jackson, Procurador Geral dos Estados Unidos, ao Tribunal de Nuremberg: *"A verdadeira parte queixosa em seu tribunal é a civilização".*

Hoje, com o fim — momentâneo — das grandes utopias políticas e o renascimento da *filosofia política*, torna-se possível, e ao mesmo tempo urgente, compreender em que o nazismo, catástrofe mundial, foi um acontecimento que exige agora sua interpretação. Ele foi, com efeito, uma tentativa bem sucedida de destruição da civilização, num lugar preciso e num tempo limitado, na Alemanha, de 1933 a 1945.

O psicanalista, que reivindica e porta uma ética específica, aquela do sujeito, deve se interrogar sobre o que fez decair, no nível social, este sujeito de que ele se encarrega. Nesse sentido, ele deve, em seu lugar, defender a civilização e questionar esse mal-estar que, segundo Freud, o habita. Se o desejo é, como sabemos desde Hegel, *desejo do desejo*, é preciso, a partir daí, situar o efeito do mal-estar na civilização como uma "falência do desejo". Compreende-se então que Hitler deveu seu sucesso à sua capacidade de encarnar, para as massas alemãs, um objeto desejável e enganador que, como um tapa-sexo, dissimulou a depressão profunda de um povo inteiro.

Foi assim que voltamos à pessoa de Hitler, a essa voz de barítono bufão, embaraçados que estávamos com o desejo de saber como e por que essa besta do Apocalipse pôde surgir e fazer sofrer tantas pessoas. Pois esse sofrimento da geração precedente teve uma incidência sobre a nossa, a do após-guerra. Com efeito, através dos relatos parentais, transmitiu-se o horror imaginário, e no entanto real, da *coisa nazista*, levando a fantasia inconsciente de cada um a colar-se às histórias contadas a respeito dos campos da morte.

Buscamos, pois, neste livro, dar uma verdadeira explicação teórica do nazismo. O milagre consistiu na descoberta de que a psicanálise tinha os meios de fornecer essa explicação. Foi o que tentamos comunicar.

É preciso, porém, observar que o objeto deste trabalho situado — e quanto! — na História é, no entanto, algo além de um objeto histórico Hitler, ou o nazismo. Trata-se aqui de outra coisa. Nosso trabalho, de fato, incide sobre um *objeto de teoria psicanalítica*, e visa conceitualizar o modo coletivo de formação do sintoma que surge *necessariamente* quando se rompe o laço social.

Esse momento de crise, vamos chamá-lo de *psicose-social* e, para dizer a verdade, é ele o objeto deste ensaio. Compreende-se, então, que uma tal teoria não tem unicamente um interesse histórico, mas, de maneira mais fundamental, deseja-se que ela possa contribuir para a renovação da nossa *filosofia política*.

Enfim, a interpretação do nazismo que propomos aqui é solidária de uma *teoria progressista da civilização*, que a psicanálise implica e que este ensaio visa desenvolver.

PRIMEIRA PARTE

A Teoria Psicanalítica do Laço Social

I. O FUNDAMENTO DO LAÇO SOCIAL

Precisamos, de saída, levantar uma objeção de princípio com relação ao método psicanalítico: não se poderia aplicá-lo igualmente ao "social" sem cair no psicologismo e adotar uma atitude tão redutora que se tornaria simplista. Explicou-se, por exemplo, o nazismo pelo fato de Hitler ter somente um testículo (monorquidia). Ele se sentiria complexado por isso, e por essa razão se teria tornado o ditador que conhecemos.

Compreende-se, então, o ridículo de aplicar à História o que se acredita ser da psicanálise, sem dar conta, em absoluto, da complexidade do laço social. Mesmo se batizarmos esta pseudopsicanálise de "psico-história", não chegaremos a construir uma teoria verossímil dessa intriga temporal que foi o nazismo. Separando-nos dessas tentativas psicologizantes, propomos uma outra hipótese de trabalho que nos permite construir uma interpretação do nazismo, considerado como um "fenômeno", cujas estruturas causais geradoras buscaremos colocar em evidência.

Aplicada à História, nem por isso a psicanálise sai de seu campo de competência. Pelo contrário, ao fazer isso ela estende, ao mesmo tempo, a sua teoria até o ponto de poder constituir uma *teoria da civilização*, tomando de empréstimo a via aberta por Freud. O psicanalista, se não quiser abrir mão de sua responsabilidade, obriga-se, com efeito, a situar sua prática no *laço social*, a intervir publicamente para dizer em que implica a psicanálise, o que dela se pode esperar. É-lhe necessário, então, compreender a maneira pela qual as curas dirigidas por ele se articulam no espaço do coletivo.

Mas como caracterizar esse espaço coletivo? Vamos partir da idéia de que este se constitui como *laço social* que nodula, por diferentes laços libidinais, os homens entre eles.

Vamos, pois, definir esta *primeira dimensão do laço social* como sendo a da família. Este é o lugar onde se estrutura o complexo de Édipo, particular a cada um. Logo, é pela família que se opera a transmissão da ordem simbólica para o sujeito. É aí que nasceria, para ele, sua filiação às gerações passadas, sua nomeação patronímica, enfim, a aceitação da diferença homem–mulher que deverá assumir.

Vem em seguida a *segunda dimensão do laço social*, aquela que circula na vida dos pequenos grupos, dentre os quais devemos incluir as instituições. Nessa esfera se realiza a *dimensão imaginária do laço social*. Observando que esses agrupamentos obedecem a uma autoridade bem particular, a do chefe, o psicanalista nota, pois, que essa função do chefe é sempre o hábito sob o qual se dissimula a nostalgia da multidão por um *pai ideal*. Esta referência à autoridade permite ao sujeito, que participa desses grupos, encontrar neles uma sustentação para seu desejo, uma *mais-valia*, em troca de sua submissão às leis do grupo. Isso é o que explica o funcionamento das igrejas e dos exércitos.

Enfim a *terceira dimensão do laço social* concerne àquilo a que vamos chamar a dimensão do *real* da vida do grupo humano, isto é, seu *gozo* inconsciente. Entendemos assim a satisfação sexual inconsciente de um desejo, que proporciona ao sujeito, ao mesmo tempo, prazer e desprazer. O coletivo se defende do gozo mau que o habita por meio de uma transferência inconsciente deste para o que devemos chamar de um "bode expiatório". Essa defesa contra o gozo se exprime como a tendência repetida, inconsciente, inelutável, a selecionar, no seio dos grupos humanos, aqueles que devem ser excluídos deste, pois que representam essa parte de gozo mau[3] de que cada um deve se libertar. Tudo se passa, com efeito, como se cada um, à falta de poder renunciar a uma parte de gozo incestuoso, esperasse do *social* que este o fizesse em seu lugar.

Confrontados com os fenômenos do racismo e da exclusão, somos, pois, realmente obrigados a admitir que existe em toda sociedade uma tendência a elevar a seus postos de comando uma espécie de Pai Açoitador, capaz de nos propor um programa, uma "solução final" para nos livrar da parte de gozo mau que nos habita. A este *pai ideal* é creditada uma potência que lhe permite manter esse gozo incestuoso à boa distância de nós mesmos. Projetamos, em seguida, esse gozo sobre categorias de seres humanos que teremos assim desvalorizado, posto em *apartheid*. Eles poderão, se as circunstâncias o exigirem, ser objeto de um sacrifício a se oferecer para apaziguar o supereu coletivo cruel que governa nossas tendências racistas.

---

[3] O gozo incestuoso é mau, pois não cessa de engendrar o sofrimento, a culpa. É uma fonte contínua de angústia para o sujeito. Leva este último a fazer-se de morto, a malograr seu desejo.

Aí está a causa[4] que sempre sobredetermina a guerra[5] de classes através de uma guerra dos sexos e das raças e que, ao mesmo tempo, faz da guerra o *real* insuportável do *laço social*.

Aplicando-se ao nazismo, parece então que este fundo real da guerra e da violência tornou a emergir desde que as formas culturais da civilização, que o refreavam e dominavam, foram destituídas de toda autoridade. O nazismo se fortaleceu a partir do sintoma de cada um, da sede de ilusão e da tendência à segregação que são as constantes do *mal-estar na civilização*.

Por *mal-estar na civilização*, conceito retomado de Freud, deve-se entender uma doença do desejo, mais exatamente, a ausência de desejo. Com efeito, quando falta, o desejo obriga necessariamente o sujeito a encontrar-lhe um substituto, sob a forma de uma busca desenfreada de gozo. Procura inútil, que mergulha o sujeito na apatia, no desespero ou na melancolia profunda. Essa falta de desejo, exprimindo-se como uma falta de perspectiva no nível social, gera, de maneira quase necessária, uma necessidade de autotapeação, de engano pessoal, o que leva as multidões, tal como uma onda avassaladora, à ilusão política. É por isso que se pode garantir um futuro para esta, como Freud já havia tão justamente predito.

A ilusão política por excelência será aquela que tende a fazer crer que exista um *objeto de gozo comum*, cuja posse permitiria a satisfação da multidão e sustentaria suas esperanças. Foi, desde sempre, a paixão nacionalista — diferente do patriotismo — que forneceu a matéria necessária a esse suposto *objeto de gozo comum* inexistente. Nesse sentido, deve-se certamente integrar o nazismo à longa e talvez eterna lista dessas paixões nacionalistas exacerbadas. Pois, como todos os movimentos político-ideológicos que se inflamam rapidamente, o nazismo teve o sucesso fulminante que se sabe propondo, em seu discurso e em suas práticas, uma participação nesse objeto de ilusão política. O mito da pertinência a uma raça superior, que se dizia destinada a dominar a terra, forneceu, num grau até então desconhecido, uma promessa inaudita de gozo e, por isso mesmo, um imenso *mais gozar* sob a forma de um delírio.

---

[4] Lembremos que, no processo de destruição da antiga Iugoslávia, a prática da violação foi usada de modo sistemático pelas forças sérvias contra as mulheres muçulmanas. Este ato não se origina somente de uma lógica da guerra, mas testemunha também o sexismo: assim como o racismo ou o anti-semitismo, o sexismo é a forma ativa assumida pelo ódio ao outro nas circunstâncias psicotizantes da destruição de um laço social. A fraternidade simbólica não pode mais se realizar entre homens e mulheres.

[5] Entendemos, aqui, o conceito de guerra num sentido próximo ao dos filósofos do Século XVIII, que falavam de um "estado de guerra" atravessando ao mesmo tempo o laço social e os sujeitos. Por este motivo, não há mais abrigo possível para ninguém.

Compreende-se, então, como a participação num tal delírio tornou-se o meio, para o povo alemão, de se defender dessa falta de desejo, e isso pelo viés de um sintoma: o da *psicose social.*

Mas voltemos à teoria do *laço social.* Vamos distinguir agora a cultura e o laço social da civilização propriamente dita. Por cultura entendemos o conjunto de produções intelectuais; por laço social, a síntese de forças libidinais que nodulam os homens uns aos outros; por civilização, o conjunto concreto das práticas que reproduzem o "todo social" em uma unidade articulada. A articulação de um tal conjunto está, evidentemente, submetida de maneira permanente a forças conflituais, a guerras internas que ameaçam, a cada instante, destruir, romper os laços tão dificilmente estabelecidos pela cultura e pela ordem simbólica que a sustenta.

A contribuição da psicanálise à teoria do *laço social* vai consistir essencialmente em considerar este último como uma coisa fabricada por identificações inconscientes, portadoras de amor e podendo, por isso, explicar a solidez das relações sociais. Tal foi a contribuição explícita de Freud. Por sua vez, Lacan acrescentou a essa teoria a idéia de que não apenas todo laço social funciona no amor inconsciente mas, mais ainda, que ele é, enquanto tal, uma estrutura de distribuição e de censura do gozo inconsciente.

É por isso que não se pode dissociar essa teoria do *laço social* de toda a teoria da cultura. Esta nos faz compreender que todos esses laços são como ganhos tomados ao gozo primeiro que eles recalcam, para poder instalar formas socializadas de sublimação. Com efeito, uma vez que nossa estrutura inconsciente no *laço social* nos obriga a recalcar nossas pulsões primárias de ódio canibal onde jaz o incesto, este recalque, mesmo que sempre frágil, é o único processo real que nos permite, apesar de todas as dificuldades, passar à civilização e à cultura, ser capazes de funcionar sob um Mestre representado por um significante. Este se torna, então, "o ideal". Ideal regulador de nossa vida e de nossas condutas.

Igualmente é verdadeiro que, não sendo o sistema natural/cultural da civilização uma mecânica simples, existem neste jogo do *laço social* diferentes opções possíveis, desejáveis em diversos graus, sob a forma de identificações inconscientes. Estas se exprimem, no nível político, pela democracia ou pelo fascismo, a alternativa de base que opõe *civilização* e *loucura.*

A cultura permite, portanto, enfrentar a falta estrutural de gozo inerente ao laço social. A cultura é, pois, um substituto da falta de gozo. Melhor ainda, ela emerge proporcionalmente à renúncia operada sobre o gozo.

Nesta hipótese, a cultura constitui o modo normal do funcionamento da civilização. Ela manifesta sempre sua forma diferente da natureza, enquanto jogo de sublimação já realizado nas práticas e nos gostos, nos interditos e nos códigos de polidez entre as pessoas.

A cultura inscreve, pois, a "lei simbólica"[6] como justificativa transcendendo as regras do direito positivo. A interdição do incesto é sua primeira expressão disso.

Essa diferença entre natureza e cultura se encarna também de maneira subjetiva, como através da diferença homem/mulher[7].

Esta diferença inconsciente traduz uma distinção na maneira de gozar e de sentir falta. A normalidade de uma cultura consiste em dar a cada sujeito, graças ao significante que representa, para ele, o pai simbólico, a possibilidade de inscrever em si, de modo inconsciente, esta diferença homem/mulher. É esta diferença, informulável enquanto tal, que aparece como *a condição trans-histórica* da normalidade humana.

A partir daí, a anormalidade consiste nesse desejo perverso ou psicótico que visa sempre apagar a inscrição dessa diferença homem/mulher na cultura, fazendo dessa norma estrutural uma norma histórica ou sociológica, ou então fazendo tombar o conjunto da cultura na qual se apóia essa diferença homem/mulher.

Com efeito, é com referência à cultura e ao seu remetimento à ordem das gerações que cada família transmite o interdito do incesto, obrigando cada um a perder o gozo primeiro ligado ao corpo da mãe. Este inderdito permite então ao sujeito uma certa emergência de libido. Graças a esta última, o sujeito se insere no jogo da troca social e, apoiando-se nos significantes que circulam na cultura, ele se normaliza por esse motivo como sujeito portador de uma *dívida simbólica*[8].

---

6 Por "lei simbólica" da humanidade queremos aqui designar a lei que, do lado do sujeito, responde àquilo que a sociedade chama de *o interdito do incesto*. A psicanálise explicita essa lei simbólica como a obrigação inconsciente imposta a cada um de assumir uma *castração simbólica* da onipotência imaginária ligada à sua imagem egóica inconsciente. Imagem que funciona como fonte de auto-erotismo de que será preciso privar-se.

7 Veremos mais adiante como essa diferença é o próprio conteúdo da lei simbólica que funda o interdito do incesto.

8 Vamos explicar mais adiante esse conceito de "dívida simbólica". Por ora, digamos que se trata de uma obrigação inconsciente que leva um sujeito a obedecer a uma *"lei"* que assume para ele a forma de uma *dívida simbólica*, isto é, de um dever a cumprir. Dever do qual, aliás, extrai uma satisfação certa, que faz com que, para ele, a lei não seja separável do desejo.

Carregado com o peso dessa dívida, o sujeito vai integrar, então, sob a forma de um *ideal do Eu*, as regras de reciprocidade que lhe ditam sua conduta a ser observada no jogo de troca generalizado que é o laço social.

Para voltar à ideologia nazista, a substituição da cultura pela propaganda racial foi, a nosso ver, a condição simbólica essencial que mergulhou a civilização alemã na psicose social. É essa substituição que caracteriza a ideologia nazista como um "delírio". Nesse sentido, a tirada bem conhecida de Goering — *"Quando ouço a palavra "cultura", saco meu revólver"* — não é uma brincadeira, e sim a expressão da mudança que se operou, naquela época, na Alemanha, e que só poderia acabar na implosão do sistema. Isso gerou uma insensibilidade das massas alemãs e autorizou, para a maioria de seus componentes, um distanciamento do senso de responsabilidade individual. A fraternidade simbólica entre os homens, daí por diante destruída, foi substituída por uma relação de desconfiança generalizada. Nesse contexto, compreendemos melhor como a prática do assassinato fácil e da destruição em massa se desenvolveu.

Devemos observar, no entanto, que essa destruição da civilização alemã só pôde se realizar à proporção da tomada do poder pela ilusão política. Esta última enganou as pessoas, propondo-lhes uma identidade imaginária e megalômana, permitindo a cada um, apesar de sua miséria, crer-se onipotente.

Neste estudo sobre Hitler, apoiamo-nos, entre outros testemunhos, no de Albert Speer[9].

Speer, com efeito, foi em nossa opinião o próprio exemplo desses homens que aceitaram ser enganados por Hitler. Vamos citar aqui a carta que ele escreveu, depois da guerra, à sua filha Hilda, que lhe perguntava como um homem culto como ele havia podido seguir Hitler[10].

"...De fato, você me pergunta como, em geral, um homem inteligente pôde marchar com Hitler? Quero começar pela confissão mais difícil: não há nenhuma desculpa. Estou pessoalmente convencido de ter, realmente, que expiar essa falta. Não é justo, diante da enormidade dos crimes, declarar nada mais haver feito além de obedecer a ordens, ignorando tudo. O fato de ter aceito as ordens de Hitler me obriga a partilhar a responsabilidade por elas. Sinto-me responsável por tudo o que se passou naquela época, mesmo que aquilo não me dissesse respeito, mesmo por aquilo que ignorava. Tranqüilize-se, eu nada soube de todos os horrores, e isso foi reconhecido, mas não constitui uma satisfação muito grande, quando se pergunta o que teria podido aprender se realmente

---

[9] *Au coeur du troisième Reich*, Éditions Fayard, 1971.

[10] Cf. Jean-Marc Varaut, *Le procès de Nuremberg*, Perrin, 1992 (pp. 347 a 351).

quisesse... Sou um dos poucos a considerar, ainda hoje, que o processo de Nuremberg, apesar de suas imperfeições, foi necessário. A condenação que me atingiu, para mim, é um pouco o preço de meu resgate. Logo, devo me julgar muito contente com minha sentença e minha detenção.

Vejo em meu destino como que um tribunal de Deus, julgando, não os erros cometidos do ponto de vista jurídico, pois estes são proporcionalmente pequenos, e sim a falta profunda de que participei, totalmente consciente e com tamanha leviandade.

Existe um drama de Sófocles, o Édipo. *Ele foi punido da maneira mais cruel pela Providência, por haver matado seu pai e desposado sua mãe, sem que nada pudesse fazer. Diante de qualquer tribunal mortal, ele seria absolvido, mas de acordo com a concepção moral dos gregos ele deve, cumprindo sua pena, sofrer graves tormentos.*

Sem saber explicar a você o porquê, creio que é isso mesmo... Tenho que dizer-lhe a que ponto esse recolhimento me ajudou.

Quando, em 1939, pude compreender claramente que os projetos de política exterior de Hitler levavam à guerra, que ele odiava os judeus e os perseguia, eu já era, sob muitos aspectos, prisioneiro dele. Existe às vezes, na vida de um povo, um fenômeno de sugestão coletiva. Lembre-se das feiticeiras que eram queimadas na Idade Média e do Terror durante a Revolução Francesa. O homem está cheio de maus instintos que se trata de reprimir, mas se as barreiras chegam a ceder, algo de espantoso se desencadeia. Somente alguns indivíduos escapam à loucura comum, *mas depois que ela passa, quando se recobra a consciência, todos põem as mãos na cabeça e se perguntam: Como foi que pude...?*

Além disso havia para mim, pessoalmente, algo muito bem feito para excluir toda crítica — se eu a tivesse querido exprimir. Imagine que eu tinha, como arquiteto, aos trinta e dois anos, os mais belos contratos que se possa sonhar. Como disse um dia Hitler, muito justamente, à sua mãe: "O seu marido pode construir edifícios como não se fazem mais, talvez há dois mil anos."

Seria preciso ser moralmente muito estóico para recusar tal possibilidade. Mas eu não o era, em absoluto.

Como já lhe disse, não acreditava em Deus nenhum e este seria o único contrapeso possível.

Havia ainda uma falta enorme que não fui o único a cometer: tornara-se um hábito considerar somente as próprias tarefas e não se preocupar com o que faziam os vizinhos. Quero dizer com isso que nunca pensei que estivesse pessoalmente envolvido quando algum outro, talvez em minha presença, dizia que era preciso abater todos os judeus. É claro que eu não dizia nada, nem pensava nada desse tipo, e como não manifestava, eu mesmo, um anti-semitismo, tinha a consciência inteiramente tranqüila. O fato de ter ajudado muitos judeus não é uma desculpa, pelo contrário, isso agrava ainda mais a falta moral.

Algumas vezes, perguntei-me: o que teria feito então, se me sentisse responsável pelo que Hitler fazia em outros domínios? Infelizmente, para permanecer sincero, a resposta é negativa. Minha posição de arquiteto, as obras magníficas se haviam tornado indispensáveis para mim, e eu teria aceitado tudo; mas nem mesmo pensei.

Na primavera de 1944, adoeci, como sabe, por muito tempo e graças a essa doença libertei-me em parte da influência de Hitler. Pois, também aí, há uma razão que talvez explique um pouco o inexplicável: Hitler exercia uma forte ascendência sobre as pessoas que mantinham com ele relações próximas. Em parte devido à sua força de persuasão, que tinha algo de sugestivo, em parte por causa de sua amabilidade e das funções que ele ocupava".

Albert Speer revela, então, como Hitler pôde seduzir e suscitar na Alemanha um entusiasmo, uma *Schwarmerei*, uma loucura comum. Esse testemunho, proveniente de um homem que purgou tantos anos de prisão depois da guerra, é único. Morto em 1971, Speer sabia, com efeito, ser culpado de não ter querido saber em que implicavam essa sedução e essa adesão à pessoa de Hitler.

Essa confissão nos obriga agora a compreender como a loucura comum pôde se desenvolver na Alemanha. Portanto, é nesse quadro epistemológico que passaremos a estudar o nazismo como sujeito singular. Por sujeito, entendamos aqui um modo de gozo suportado, seja por um indivíduo, seja por uma massa de pessoas, o número aqui não acarretando mudança no método.

Nossa aposta de psicanalista vai consistir em responder, graças a essa nova teoria, às questões que permaneceram em suspenso nos ensaios históricos ou filosóficos sobre o nazismo, sem falar dos ensaios teológicos que apelam, por sua vez, para o insondável mistério de Deus. Ao fazer isso, estamos bem conscientes de reduzir e estender, ao mesmo tempo, o campo da História àquele onde se desenrola o gozo humano. Os diferentes discursos que estruturam cada forma de civilização devem ser concebidos como os modos de aparelhamento e de produção do gozo que se produz e se reproduz na História. Nessa ótica psicanalítica, cada civilização será caracterizada pela maneira como combina em si esses diferentes aparelhos de gozo.

Entretanto, para que uma civilização seja viável, constata-se que ela deve canalizar esse gozo. Vamos chamar, então, de *função do mestre* a aparelhagem que deve dominar todas as outras a fim de estabilizar o curso das coisas. A originalidade da psicanálise vai consistir, aqui, em mostrar que a função de autoridade necessária à sociedade deve, não apenas se distinguir de toda forma concreta de poder, mas, mais ainda, deve poder apoiar-se nesse aparelho de gozo particular que chamamos de função do mestre.

No interior de uma dada civilização, compreende-se então como, quando se passa de uma forma de mestria para outra, existe o perigo de destruir todo o sistema dessa civilização e mergulhar assim o *laço social* naquilo a que chamamos *a psicose social*.

Nosso conceito de *psicose social* não remete a uma abordagem psicossociológica, ou a uma autoproclamada teoria do inconsciente coletivo. Trata-se aqui, apenas, do *sujeito*, único objeto da teoria psicanalítica, qualquer que seja a variedade de formas e de suportes que este assume na História. Nossa definição do estatuto epistemológico da teoria psicanalítica aplicada à História aproxima-se daquilo que outros tentaram pensar sob a noção de *individualidade histórica*.

É por isso que, no quadro dessa hipótese de *psicose social*, mas aplicada, desta vez, ao nazismo, vamos expor a questão de base: por que e como um ódio racial, mas anti-semita — essa característica é importante —, articulado a uma visão megalomaníaca, a de Hitler, pôde se cristalizar num sistema de governo, no interior de um país europeu, isto é, um país supostamente civilizado?

Nesse ponto, nossa análise faz objeção àqueles que consideram a Alemanha do entre-duas-guerras como um país moderno. Mas antes disso vamos precisar este conceito de modernidade. Por este conceito, entendemos:

- 1) a mutação do gozo no *laço social*;

- 2) a reformulação da cultura, considerada no sentido de uma extensão dos discursos que a constituem;

- 3) a emergência de instituições novas, testemunhando um progresso do direito e possibilitando, para cada um, o acesso à *cidadania ativa*.

Compreendemos que uma tal concepção da modernidade recobre aquela, política, do laicismo, encarnada pela separação entre a Igreja e o Estado. Devemos observar aqui que se, politicamente, essa concepção laica abre o caminho para a possibilidade histórica da psicanálise, não se pode no entanto proclamar que, eticamente, na sua teoria, a psicanálise seja laica. Com efeito, confrontados que estamos com o ponto de enigma do Outro, não podemos erradicar a necessidade de crer. O termo *Discurso*, proposto por Jacques Lacan depois dos trabalhos de Michel Foucault sobre "A arqueologia do saber", significa que existem vários tipos de *lógicas inconscientes* que organizam e subtendem as produções culturais e científicas concretas.

Lacan distingue 4 principais tipos de discursos, segundo 4 visadas de interesses diferentes.

Assim, ele afirma que existem:

1) inicialmente, uma *Lógica da Mestria*, cujo objeto de busca é a satisfação do "Poder",

2) uma *Lógica universitária*, cujo objeto de busca é ser "o discípulo submisso ao mestre e reconhecido por este por seu saber",

3) uma *Lógica histérica,* cujo objeto de busca é a produção de um "novo saber" que ponha em xeque o "Poder" e o "saber" do mestre,

4) e, enfim, uma *Lógica psicanalítica* cujo objeto de busca é a produção da verdade do sujeito sob a forma de um "saber" íntimo que lhe concerne e lhe causa horror.

Segundo Jacques Lacan, essas 4 lógicas "são articuladas e formam uma espécie de "trama" inconsciente que condiciona a produção e a reprodução de toda a cultura".

Com efeito, se podemos afirmar que a psicanálise retoma, num sentido, o combate "das luzes", conforme a imortal definição dada por Kant, *"sair de uma minoria de que se é por si mesmo culpado",* podemos também acrescentar que, à sua maneira, a psicanálise combate o terrorismo das luzes. Este, com efeito, consiste em pensar que se possa erradicar a crença, sob o pretexto de que esta seria inteiramente condicionada pelo social. A ilusão laica consiste aqui em negar o ponto de enigma do Outro em nós, na medida em que ele nos força a ser crentes. A questão nova que se coloca, então, é a do estatuto dessas crenças na cultura.

Essa separação entre a Igreja e o Estado torna possível a mudança, pela expressão pública dos diferentes discursos. Isso permite que diferentes tipos de interesses, ideais e gozos apareçam abertamente e combatam-se livremente. Esses conflitos autorizam, por isso, o *sujeito* do *laço social* a encontrar e procurar, nessas formas declaradas de antagonismos, um espaço muito precioso de liberdade. Trata-se do benefício incontestável da modernidade: pode-se buscá-la apesar das ilusões e das dores que ela engendra.

À diferença da França, que elaborou, bem ou mal, esse espaço político laico durante um longo período, a Alemanha teve que fazer essa transformação de maneira acelerada. Eis porque a passagem do Segundo Reich para a República de Weimar e sua modernidade consolidou-se por um fracasso, na medida em que a função de mestria na sociedade não pôde assentar suas bases. Essa incapacidade engendrou uma psicose social que provocou então uma atmosfera de loucura geral na Alemanha.

II. A PSICOSE SOCIAL E O RACISMO

Segundo nossa teoria da psicose social, o racismo em ato constitui um caso limite onde explode o sistema social. Com efeito, é segundo o mecanismo de formação desse sintoma que se explica a rejeição radical do *pacto legislativo*, obrigando todos os homens e mulheres a serem "irmãos simbolicamente", submetidos a uma mesma lei que os faz cidadãos, *compatriotas* de uma mesma nação, qualquer que seja, aliás, a diversidade de suas origens.

Uma tal rejeição radical, uma tal foraclusão acarreta pois, necessariamente, um Direito *louco,* isto é, um Direito desconectado da Lei, do Mestre real, que a funda. Foi assim que em 1938 Hans Franck, presidente da Associação dos Oficiais de Justiça Nacional-Socialistas, declarou: *"A lei constitucional do III° Reich é a expressão jurídica da vontade do Führer"* e *"a vontade histórica do Führer não tem que satisfazer condições jurídicas"*[11]. Não se pode dizer melhor da perversão da lei!

Hitler foi confirmado, dessa maneira, em sua posição de exceção. O Mestre podia, então, voltar a tornar-se o horrível tirano[12], já que sua função, em vez de submeter-se ao direito ligado à lei, fazia, ao contrário, lei para a lei. Isso, por sua vez, só podia incentivar e justificar o eu de Hitler em sua megalomania.

O psicanalista, nesse estágio da sua reflexão, deve enfrentar a questão da origem da Autoridade. Lembremos, para isso, como Freud se serviu da ficção científica do assassinato do Pai suposto na origem da civilização.

Depois de Darwin, Freud concebe este pai da horda dos primeiros homens, em "*Totem e Tabu*"[13], como uma espécie de supermacho, poderoso e

---

[11] Citado por KERSHAW em *Qu'est-ce que le nazisme?*, p. 148, Folio Histoire, 1992.

[12] Vamos distinguir o tirano que, a nosso ver, é uma função negativa da mestria em política, do déspota que, como todos sabem, pode ser "esclarecido".

[13] Vamos observar: 1° – que Freud não sucumbe inteiramente à ilusão do mito da origem, mas, muito pelo contrário, serve-se deste mito para destacar, como notou Lacan, as condições estruturais de emergência da civilização, sob a forma de uma teoria da função paterna.

ciumento, gozando sem limites de todas as mulheres do clã. Supõe, então, que esse estado de fato mítico conduz os homens do clã, filhos desse pai tirânico, a assassiná-lo e devorá-lo. Depois de satisfazer seu desejo de morte, os filhos experimentam, em seguida, remorso e culpa. Este último sentimento os obriga a promover a lei que todos se comprometem a respeitar. É a este preço que o ódio contra o Pai *tirânico,* gozador e obsceno, se dissipa e se metaboliza em amor pelo *Pai como morto.* É o *Pai simbólico,* aquele a quem a religião chama Deus.

Renunciando, a partir de então, ao incesto e ao assassinato, privando-se realmente destes, os filhos, pela instauração dessa lei, interditam-se o gozo. Freud teoriza assim a passagem da natureza à cultura. É, pois, o interdito do gozo incestuoso que põe o *Pai morto* em posição de exceção, apenas ele, com efeito, tendo o direito de gozar sem limites. Pela renúncia a esta onipotência do Pai, os filhos aceitam seus limites e instituem a lei. Aí está um dos sentidos do conceito de castração simbólica. Esta institui, então, uma fraternidade legal e simbólica, uma aliança pacificadora e instauradora do laço social. Mas esta aliança é pesada de se portar, já que distribui, ao mesmo tempo que os lugares e os papéis no social, a culpa fundadora de uma dívida que se deve pagar.

No caso do nazismo, tudo se passa como se essa figura cruel e "superegóica" do pai mítico, representando o gozo, não fosse mais recalcada. Como se, de súbito, a função simbólica da lei, enquanto pressão social, não mais operasse diante do retorno da figura do Pai imaginário[14]. Como se a ascensão de Hitler ao título de Führer voltasse a dar vida a este *Pai mítico todo*-poderoso e obsceno, e destruísse a legislação representada pela autoridade do *Pai morto,* acarretando, assim, inevitavelmente, a queda da fraternidade simbólica alemã ao nível de uma fraternidade imaginária, aquela, justamente dita, dos *camaradas.*

Compreende-se, pois, como o lento trabalho de unificação do povo alemão, dificilmente realizado durante o Século XIX na lei simbolizada, pôde se despedaçar, quebrando o cristal da unidade do povo, reduzindo-o a um mosai-

---

2° – ao mostrar que "o Pai morto" é um "significante", Lacan permite enfim à problemática freudiana escapar definitivamente a essa questão da origem e lançar as bases de uma teoria da civilização.

[14] De fato, o pai originário fantasiado pelo sujeito é sempre um pai ameaçador, um Deus ciumento, que não quer que o filho assuma seu lugar junto à mãe. Logo, um tal pai é sempre uma figura angustiante, que o sujeito, na origem da vida, imagina inconscientemente como um pai canibal, uma espécie de Deus devorador de seus filhos, e por isso é necessário que o sujeito se apóie na referência ao traço simbólico do Pai, para recalcar essa instância imaginária do pai fonte de angústia.

co de diferenças entre os irmãos. Estas diferenças logo foram julgadas intoleráveis, como aquelas dos doentes mentais que deveram ser expurgados do corpo sadio da nação, e depois aquelas dos elementos estrangeiros, e enfim as dos judeus. Todas essas diferenças foram consideradas perigosas para os verdadeiros alemães, os supostos "bons arianos".

Foi assim que o laço simbólico, penoso e adulto, veio a ser substituído por um laço mais gozoso, mas paranóico, de ódio–amor imaginário e erotômano, implicando um sentimento de perseguição, estruturado pela identificação ao *objeto valorizado*, o Führer, como Falo imaginário da Mãe Alemanha. Este ódio–amor empurrou grande número de alemães em direção ao nazismo, sustentando, assim, o eu de Hitler. Este último, em contrapartida, encorajou-os em sua autotapeação com sua fala enfeitiçadora. A civilização alemã basculou, então, na psicose social, destruindo a dimensão moral inerente ao *laço social*. Esse sintoma agravou e radicalizou, por sua vez, os efeitos paranóicos e persecutórios da ideologia racista. Todos, ou quase todos, partilharam o delírio racista.

Na perspectiva de uma teoria do racismo, precisamos então estudar como funciona o par mito e ciência.

Pois não restam mais dúvidas, hoje, de que foi pela função do mito racista, desenvolvido em todas as dimensões possíveis, tanto na musical quanto na técnico-científica, que se instalou o delírio em posição de mestria na sociedade alemã. Pôde-se, assim, fazer com que quase todos os alemães — intelectuais, camponeses, funcionários, militares, nobres, homens de negócios — marchassem no mesmo passo, em ressonância, isto é, em afinidade com o todo social psicotizado. É na dinâmica deste império do mito delirante no *laço social* que se pode então compreender como Adolf Hitler, sujeito psicótico, pôde "fazer dom de sua pessoa" à Alemanha, encarnar seu mito e suscitar em torno de si uma adesão maciça a seu "ser", isto é, afinal de contas, a seu gozo.

Graças ao delírio nazista, Hitler pôde estabilizar sua psicose, conter sua loucura e soltar as rédeas da dimensão paranóica de sua personalidade. Mas, em contrapartida, devemos admitir que o nazismo jamais teria sido possível sem a cristalização dessa psicose social na pessoa de Hitler. O aspecto paranóico de Hitler viu-se, pois, em ressonância com o discurso corrente, a saber, que todos eram vítimas de um *Grande Perseguidor*, que logo seria necessário destruir. Certamente, foi aos judeus que se ordenou fazer este papel.

Naquele momento, estruturado por seu Führer, o nazismo acede aos comandos da sociedade, adquire uma legitimidade que leva cada um à obediência, de uma maneira quase natural.

Foi nesse contexto que uma polícia política, a Gestapo, pôde operar. Pelo viés dessa psicose social, o *"Tu deves obedecer ao Führer"* tornou-se o imperativo categórico da Alemanha nazista. Bem mais tarde, Eichman, quando do processo que lhe foi movido pelos israelenses depois da guerra, exclamou que, afinal de contas, ele nada tinha a se censurar, pois nada mais fizera além de seu dever: obedecer a seu Führer, Adolf Hitler.

Retomando o que foi dito por Hannah Arendt[15] com referência à extensão do nazismo, diremos que estamos aqui mais em presença da falta da *"lei simbólica"* que em presença da *"banalidade do mal"*.

Com efeito, guiado por sua loucura, Hitler prestou-se a esse jogo com um imenso sucesso inicial. Em seguida, ele o fez de maneira ridícula e derrisória, quando não quis mais sair de cena no momento em que a Alemanha soçobrava na catástrofe, arrastando em sua queda milhões de homens.

No caso do nazismo, compreendemos que o racismo veio "codificar", sobredeterminar, no nível dos efeitos, a mensagem superegóica de obediência inconsciente através de critérios muito estritos, embora francamente delirantes. Pois, no que toca a Hitler, é de fato impossível separar *"esta função superegóica"* da voz que a enuncia, voz extraordinária. Nesse sentido, citemos Maser[16] quando observa que Ernst Hanfstaongl, ouvindo-o falar pela primeira vez em 1922, escreveria cinqüenta anos mais tarde: *"Naquela época, sua voz de barítono tinha ainda brilho e ressonância, dispunha de modulações que comoviam: suas cordas vocais ainda não portavam marcas de uso, e davam à sua voz nuances de um efeito incomparável. De todos os políticos cujo discurso escutei — as virtuoses mais extraordinárias nesse domínio eram Theodore Roosevelt, o senador cego do Estado de Oklahoma, Gore e Woodrow Wilson, "o homem da voz de ouro" — nenhum jamais pôde produzir, para nossa infelicidade e sua, os efeitos de Adolf Hitler"*.

---

[15] *Eichman à Jérusalem*, Hannah Arendt - *Rapport sur la Banalité du Mal*, Folio histoire, 1991.

[16] *Prénom: Adolf. Nom: Hitler*, Maser (Plon 1973).

III. O CONCEITO PSICANALÍTICO DE TIRANIA

Parece, pois, que o nazismo não se origina das categorias políticas clássicas, mas de uma forma que, justamente, visa a destruição da política: *a tirania*. Alguém, no campo da filosofia política[17], tentou pensar essa realidade nova do nazismo. Trata-se de Hannah Arendt. Essa mulher, porque judia, porque alemã, porque refugiada nos Estados Unidos durante a guerra, dirigiu, quase só e num esforço verdadeiramente extraordinário, o combate teórico que se fazia necessário contra Hitler. Ela concebeu o caráter novo daquilo que foi o nazismo, por ela chamado totalitarismo[18].

Esse conceito, ao mesmo tempo filosófico e político, não pôde satisfazer os historiadores que se atinham ao simples método comparativo entre os diferentes regimes para estabelecer uma teoria geral do fascismo, englobando o nazismo.

Entretanto, graças à sua filosofia, Hannah Arendt pôde captar um aspecto constitutivo do laço social: aquele da conexão íntima entre política e opinião pública. Foi assim que ela mostrou que a especificidade do nazismo reside na destruição da opinião pública, em proveito de uma ideologia política. O psicanalista deve reconhecer a justeza dessa intuição. Ele deve perceber que é este o ponto que constitui a diferença entre o nazismo e os outros regimes fascistas. Trata-se, aí, do fio condutor que nos permite compreender por que um tal regime conduz necessariamente à destruição da civilização.

Gostaríamos de apreender a verdade do mecanismo que Hannah Arendt define como totalitarismo, referindo-o principalmente ao conceito de psicose

---

[17] *Le système totalitaire*, Hannah Arendt, Le Seuil, 1972.

[18] Com efeito, a tirania de Hitler e do nazismo ultrapassa as categorias e as figuras clássicas da tirania. A especificidade do conceito de tirania aqui proposto repousa sobre nossa teoria da "psicose social"; compreende-se, então, porque esta última está "por natureza" fora da lei simbólica e portanto, *a fortiori*, fora da esfera política.

social. Pois não resta dúvida, a nossos olhos, que pondo em causa à maneira de uma rejeição psicótica a arquitetura das leis e das tradições em que se depositou a *lei simbólica*, o nazismo superou a realidade política do fascismo. O que explica a impossibilidade do historiador de pensar este acontecimento.

É por isso que podemos designar por tirania a desaparição da instância moral e simbólica na esfera política. Esse termo define, pois, o estado de uma sociedade onde a política é sinônimo de dominação brutal do poder, e recobre o conjunto do campo social, fazendo, assim, desaparecer a diferença moderna entre público e privado. Para que essa destruição da sociedade civil se realize, é preciso no entanto admitir previamente um certo número de transformações do laço social. Estudando a realidade histórica do nazismo, parece-nos que cinco condições, no mínimo, são necessárias para romper o laço social e transformá-lo em tirania:

1 - Os mitos fundadores da sociedade devem se metamorfosear em mitos delirantes. Será a escalada de poderio do racismo como ideologia de massa.

2 - A cultura deve se reduzir à ideologia política. Mesmo a ciência deverá ser alemã e estar a serviço do Führer. Por essa razão, os nazistas recusaram durante algum tempo a teoria de Einstein.

3 - O direito deve ser desconectado da lei simbólica que o legitima. A vontade de Hitler vai se tornar oficialmente o substituto e o equivalente de toda a tradição jurídica alemã.

4 - As práticas sociais, regidas pelos valores e normas da civilização, devem evoluir para um laço de obediência mecânica. A existência dos campos de concentração constitui o exemplo mais impressionante dessa mutação.

5 - O chefe político deve tornar-se um ditador, ocupando o lugar do tirano enquanto ser de exceção. A conseqüência deste princípio vai engendrar um culto da personalidade.

A tirania aparece, pois, como um estado em que o sujeito é anulado. Seu oposto é a *cidadania ativa*, apelando para a iniciativa do sujeito, que irá caracterizar, a nosso ver, a democracia. Por isso diremos que *a tirania é como que o avesso da democracia.* A conseqüência a tirar desta tese é que devemos sempre progredir na democracia para recalcar ao máximo a tirania que nos ameaça.

Para que as cinco condições que conduzem à tirania possam existir, é preciso no entanto acrescentar-lhes uma condição suplementar: a de uma subversão do corpo social por inteiro, *a priori*. No caso do nazismo, esta será evidentemente a Primeira Guerra Mundial e suas repercussões, pois existe uma relação intrínseca entre laço social e civilização. Com efeito, esta última oscila sempre, no jogo da sua estrutura, entre o que chamaremos de progresso e a destruição. Antes de elaborar uma estratégia para impedir a sociedade de cair na psicose social, vamos precisar as condições normais que fazem com que a civilização exista.

Com efeito, quando funciona normalmente, a estrutura da civilização constitui o que chamamos de *progresso* e, ao contrário, definiremos o bloqueio de sua marcha circular como seu *sintoma*. Este sintoma, por sua vez, cria as condições aptas a fazer ressurgir *o lugar normalmente recalcado do tirano*. A civilização fica, pois, reduzida a uma forma de mestria rígida que implica, num movimento de ida e volta, uma redução da cultura à mitologia e do direito à ideologia. Constatamos então que desaparece de sua estrutura a instância da crítica, que era encarregada de elaborar as reformas necessárias ao progresso[19].

Quando o processo do progresso é bloqueado, constatamos que a civilização se vê ameaçada pela intolerância entre os diferentes gozos inerentes aos componentes do povo. Aumentando esta intolerância, ela pode degenerar publicamente em racismo, isto é, em rejeição de outros. Por sua vez, o racismo vitorioso leva então a acabar, de uma vez por todas, com o fardo da fraternidade moderna e cosmopolita. Deve-se então inventar uma *solução final* que permita acabar com o peso da lei que nos liga uns aos outros. Numa tal ideologia, não podemos mais fazer de todo homem nosso *irmão simbólico*, não podemos mais recalcar a fobia em relação a nosso próximo. Somos então obrigados a vê-lo como um estranho. Isso nos permite livrar-nos não somente de toda amizade, mas, mais ainda, de toda obrigação para com ele.

Essa teoria da civilização nos impõe precisar a especificidade epistemológica da psicanálise, e marcar sua diferença da filosofia hermenêutica da história. Vai-se formular, pois, que o próprio da psicanálise consiste em não se preocupar com o sentido interior às práticas sociais, mas antes visa explicitar a causalidade em jogo. Vamos definir esta última como *causalidade material*, e diremos que seu objeto de estudo é a procura dos significantes que exprimem a causalidade operante na História, através do discurso constituinte do campo social.

Se tomarmos o exemplo do significante "Direitos do Homem", constatamos que este se impõe, ao mesmo tempo:

1) como realidade simbólica, sob a forma de uma autoridade que ele faz existir.

2) como elemento real, sob a forma de uma letra que o inscreve ou que o apaga, nos textos do Direito positivo dos povos.

3) como realidade imaginária na subjetividade de cada um.

---

[19] Cf. os esquemas anexados ao final deste livro. Ver também Lacan, *L'Envers de la psychanalyse*.

Por recorrência, vai-se entender ainda mais a lógica do projeto revolucionário francês, lendo o programa histórico que Hitler expôs a Hermann Rauschning[20]: *"Eu, que sou um homem político, preciso também de uma noção que me permita dissolver a ordem estabelecida no mundo, e opor à História a destruição da História. Compreendem o que quero dizer? É preciso que eu liberte o mundo de seu passado histórico. As nações são os materiais visíveis da nossa História. É preciso, pois, que eu misture essas nações, que as reformule numa ordem superior, se quiser dar um fim ao caos de um passado histórico tornado absurdo. Para realizar essa tarefa, a noção de raça é perfeitamente utilizável. Ela subverte as velhas idéias e abre a possibilidade de combinações novas.*

Partindo do princípio da Nação, a França conduziu sua grande revolução para além de suas fronteiras. Com a noção da raça, o nacional-socialismo conduzirá sua revolução até o estabelecimento de uma ordem nova no mundo. Assim como, outrora, a idéia de Nação tinha algo de revolucionário, com relação aos Estados feudais puramente dinásticos e históricos, e assim como ela introduziu o princípio biológico de "povo", também assim nossa revolução é uma nova etapa, ou melhor, a etapa definitiva de uma evolução que leva à supressão do historicismo e ao reconhecimento de valores puramente biológicos. Foi assim que propaguei por toda a Europa e pelo mundo inteiro o novo método de criação e seleção preparado na Alemanha pelo nacional-socialismo. O mesmo processo de destruição e de transformação vai se desenrolar em todas as Nações, por mais velhas e homogêneas que sejam estas. A elite ativa das Nações, isto é, a elite combativa, o elemento nórdico, retomará a supremacia e fornecerá senhores a todos esses comerciantes, esses pacifistas, esses puritanos e esses homens de negócios que hoje monopolizam o poder. Não haverá mais Deus dos judeus para proteger as democracias contra nossa Revolução, que será o par perfeito da grande Revolução Francesa. Vamos atravessar tempos difíceis. Eu mesmo farei surgir obstáculos. Sobreviverá somente a raça mais viril e a mais dura. E o mundo assumirá uma nova feição. Um dia virá em que poderemos fazer aliança com os novos senhores da Inglaterra, da França e da América. Mas, antes disso, todos eles deverão integrar-se em nosso sistema para colaborar voluntariamente conosco na transformação do mundo. Nesse momento, não restará mais grande coisa, mesmo entre nós, na Alemanha, do que se chama ainda o nacionalismo. O que haverá é uma aliança entre os homens fortes, falando línguas diferentes, mas todos da mesma cepa, todos membros da confraria universal dos mestres e senhores".

---

[20] Cf. *Hitler m'a dit*, texto de 1939, reeditado em 1979, Édition Somogy.

À leitura desse texto, vemos até que ponto Hitler foi um pensador lógico em seu delírio. Compreendemos, além disso, por que os nazistas se interrogaram quanto ao modo de fazer reviver essa unidade primeira, esse *Volk*, povo mítico oriundo da raça ariana germânica. O *Volk*, povo mítico, como unidade cultural/racial, encarnaria naquele momento a nostalgia de um gozo fusional total, unificando pai e mãe, pensamento e corpo, gozo suposto ao coito parental, a idéia de um gozo absoluto[21].

Compreendemos, enfim, como o retorno do mito germânico no nazismo acarretou a foraclusão da aquisição simbólica representada pelo direito romano como fundamento de uma civilização mais ampla do que aquela constituída em torno de um grupo de famílias, em proveito de um novo direito, o da raça[22].

Como psicanalista, sabemos que essa *suposição* de gozo absoluto é uma suposição necessária, uma espécie de postulado obrigatório que o sujeito deve fazer no começo de sua vida, quando ele emerge na dor da falta de gozo que representa para si a perda de sua união fusional com seu primeiro objeto: a mãe. A perda de gozo então experimentada, o trauma da *falta-a-ser* assim criada são insuportáveis para o sujeito, e este deve, necessária e inconscientemente, optar por enganar-se e supor que exista um "gozo absoluto", do qual foi separado mas que poderá reencontrar. Assim, será apaziguada a sua dor de privação.

Trata-se aí de um *proton-pseudos*, de um erro, tapeação primeira pela qual, por via da alucinação, se tece a vida humana. Essa ilusão estrutural constitui sempre a matéria-prima do mito incestuoso que cada ideólogo nacionalista

---

[21] A psicanálise distingue, na escolha dos ideais, o ideal superegóico apelando para essa unidade mítica que se deve fazer gozar — e isso em detrimento de nosso desejo — do ideal simbólico que reduz essa unidade mítica à dimensão de uma simples característica identificatória (aquilo que Freud chama de traço unário). Essa dimensão permite ao sujeito encontrar seu lugar como elemento de um conjunto coletivo, fornecendo-lhe um lugar simbólico e deixando-o livre na escolha de seu gozo.

[22] *La race, nouvelle noblesse du sang et du sol,* de Walter Darré, ministro do Reich (tradução francesa de 1939, Sorlot). "A luta dos princípios germânicos e romanos". A referência ao direito do solo e não ao direito do sangue revela uma progressão na idéia de cidadania simbólica. O nazismo não poderia ter sido concebido sem que se repusesse em causa essa progressão. Devemos à amizade e à erudição de Arnaud Laspeyres a observação segundo a qual essa diferença, no nível do direito, repete a antiga diferença entre civilizações nômades e civilizações rurais. Ainda aí, deveríamos refletir essa diferença em termos da oposição entre o desejo e o gozo, para ver como este último atuou na História.

manipula, à sua maneira, quando sua paixão o conduz a mobilizar esse mito para reverter o Estado de Direito, sempre insatisfatório a seus olhos.

Hitler engajou-se ativamente nessa via, sustentado pela crença de ser o instrumento privilegiado da Providência, incessantemente invocada por ele. É por essa razão que ele considerou ser bem mais que um simples homem político[23]. Foi por isso que quis ordenar a vida política e preencher a alegada ausência de uma vontade interior a esta.

O exemplo de semelhante loucura nos obriga a preservar no real da cultura um pensamento crítico do laço social que limita nossa tendência à ilusão, isto é, à crença num suposto gozo absoluto que habitaria este laço social e que seria preciso buscar sempre, para enfrentar o desencanto moderno do mundo.

Como o mito nazista representa em nossa civilização moderna a possibilidade de emendar o corte entre natureza e cultura, ou seja, o interdito do incesto, compreendemos então seu sucesso. Com efeito, por seu conteúdo edipiano cifrado, esse mito representou, para os alemães, a possibilidade de atuar sua fantasia incestuosa, de anular esse interdito do incesto, sob a forma da esperança inconsciente de que uma relação com nosso Outro fosse possível. Este possível serão as festas organizadas pelo Partido Nacional-Socialista, será a nação inteira enfim reunida. Esta aspiração messiânica perversa enunciou-se através da palavra de ordem de um *total staat*, onde o Estado é o poder, como já dizia, no contexto da Primeira Guerra Mundial, Heinrich Von Treitschke.

Foi por isso que a Alemanha nazista levantou as seguintes questões: por que sobrecarregar-se com os "fardos vivos" que são os estrangeiros ou os "anormais"? E depois: como livrar-se deles? Que solução final dar a esse problema de intoxicação suposta pelos outros? Como, a partir daí, suprimir os "semi-humanos", essas vidas sem valor? Para isso, o delírio nazista apoiou-se no discurso em torno da ciência, numa mistura de cientificidade e mitologia.

---

[23] Maser, op. cit.: *"Por isso, ele jamais pensou em colocar suas capacidades e conhecimentos políticos a serviço da "realidade prática do momento", nem em contentar-se — na melhor das hipóteses — com a glória de seu tempo, o que definiu, em* Mein Kampf, *como sendo o destino mesmo do político. Durante sua escalada em direção ao poder, pode-se notar a amplificação, nele, de uma espécie de impaciência escatológica nutrida por um processo mórbido e por um pressentimento hipocondríaco do declínio e da morte, empurrando-o para um fanatismo cada vez mais extravagante. Hitler está, então, persuadido de poder conquistar o que, para outros, em certas situações dadas, parece fora de alcance ou politicamente irrealizável. Assim ele interpreta, em 1924, a célebre definição da política por Bismarck, "a arte do possível", num sentido que caracteriza seu próprio conceito político, fundado, quanto a ele, exclusivamente ou quase, no emprego da força brutal, reprovando Bismarck por ter tido uma idéia demasiado moderna da política".*

O perigo, tanto na época quanto agora, consiste, pois, em enganar-se quanto à natureza da ciência, e atribuir-lhe um valor e uma função de lei simbólica que ela, evidentemente, não tem. Eis por que, a partir da época moderna, a psicose, na sua rejeição da lei simbólica, apóia-se no discurso da ciência e prolifera sob forma de mitos e ideologias científicas.

As conseqüências extremas desse discurso levariam, na Alemanha nazista, a um eugenismo, que encontraria sua primeira aplicação nos campos de concentração. O racismo nazista transformou-se então em biopolítica de aperfeiçoamento da raça, apoiando-se em instituições de eutanásia.

Mas precisamos observar que os genocídios cometidos pelos nazistas foram inicialmente precedidos por um autogenocídio que assinala, de maneira exemplar, o caráter delirante do mito racista na Alemanha. Os primeiros "envelopes humanos vazios" a serem suprimidos eram, com efeito, alemães. Este primeiro extermínio fez setenta mil mortos, cujos corpos foram em seguida queimados nos fornos crematórios. Os últimos envelopes humanos a suprimir teriam sido também os de todos os alemães, se Hitler fosse seguido na sua loucura[24]. Nesse meio tempo, o extermínio dos judeus se generalizou, elevando a vários milhões o número de mortos.

Aqui, o fator quantitativo assume toda a sua importância: ele sublinha o fato de que a sociedade enlouqueceu de maneira contínua. O horror não era pontual, mas permanente, sem fim. Para explicar isso, é preciso admitir o poder, sobre nós, do laço social. Ele induz nossos comportamentos e, de certo modo, é nosso mestre interior. Se este mestre interior enlouquece, a loucura torna-se uma coisa normal.

Nesse sentido, o nazismo é um acontecimento de importância absoluta. É um desses momentos muito raros em que toda a História se esclarece e se revela como a tentativa laboriosa e contínua de uma construção humana que

---

[24] Cf. Speer, op. cit., p. 611, citando Hitler: *"Se a guerra for perdida, o povo alemão também estará perdido. É inútil preocupar-se com as condições que serão necessárias à sobrevida mais elementar do povo. Pelo contrário, é preferível mesmo destruir essas coisas, pois este povo (alemão) revelou-se o mais fraco, e o futuro pertence exclusivamente ao povo do Leste que se mostrou o mais forte. Os que restarem depois do combate serão os medíocres, pois os bons terão tombado".*

Eis uma diferença radical entre Hitler e Napoleão, este último se tendo rendido depois da derrota. Hitler, por sua vez, queria destruir tudo, absolutamente tudo.

Cf. seu artigo de 7 de setembro de 1944, no *Volkischer Beobachter*: *"nem uma só espiga alemã deve servir para alimentar o inimigo, nenhuma boca alemã lhe deve dar informações, nenhuma mão alemã deve se estender para socorrê-lo. Ele deve encontrar cada vereda destruída, cada rua bloqueada, só descobrindo a morte, o nada e o ódio"* (Speer, p. 565).

pode desabar. Aí está, acreditamos, a significação histórica que podemos atribuir ao nazismo: a de ser o instante em que se compreende que a civilização pode ser destruída, ao passo que na vida quotidiana, mesmo quando tudo funciona mal, a civilização ainda nos aparece como eterna.

Graças ao trabalho de Raoul Hilberg[25], sabe-se hoje que não somente o aparelho administrativo alemão, mas também as grandes empresas do país colaboraram para a realização do extermínio dos judeus. Este veio a ser objeto de um planejamento burocrático: conseguir os trens, pagar o preço dos transportes, harmonizar os horários, etc.

Toda a Alemanha, pois, foi implicada nesse caso. Ainda que *todos* estivessem envolvidos, foi como *sujeito* que cada um pôde então se liberar de sua responsabilidade e recalcar, por um tempo curto, a sua culpa, imputando esses crimes a Hitler. A dificuldade para o psicanalista consiste em, ao mesmo tempo, sublinhar essa culpa coletiva e encontrar, não as circunstâncias atenuantes dessa culpa, mas as razões reais, e não morais, que mergulharam os alemães na psicose social.

Assim como o assassino, afetado por uma psicose, não deixa de ser assassino devido à sua psicose, a Alemanha, para o psicanalista, foi em parte *culpada* e inteiramente *responsável.*

Para esclarecer esse estatuto da *culpa coletiva*, vamos formular que esta não existe no nível social, cada um se tendo tornado, a partir de então, um indivíduo de Direito. Mesmo assim, no nível inconsciente, a identificação coletiva a um mesmo significante permite afirmá-lo.

No nível inconsciente, poderíamos dizer: *culpado, mas não responsável.* Enquanto, no nível social, seria o contrário: *responsável, mas não culpado.*

A delegação de responsabilidade íntima e inalienável, fazendo de cada pessoa um sujeito existente, e não anulado, permitiu aos SS, como a milhões de outros alemães, agir sem imposições, poder gozar à sua maneira e entregar-se a uma orgia de sadismo[26].

---

[25] *La destruction des juifs d'Europe*, Folio Histoire, 1991.

[26] Trecho do artigo de G. Wellers, "De la mégalomanie collective au crime inexpiable", in *Révision de l'histoire*, Cerf, 1990: *"Na primavera de 1938, escreve Pierre Sorlin, os judeus de Viena são abordados em plena rua e obrigados a se despir em público. A operação é, em seguida, freqüentemente renovada: diante de multidões plácidas e interessadas, os nazistas obrigam os judeus, e principalmente as judias, a correr nus ou a se expor à curiosidade geral. Humilhar os judeus, colocá-los em situações ridículas, impor-lhes exercícios irrealizáveis para zombar de sua impotência constituem divertimentos correntes a partir de 1938. Os sádicos se divertem, os outros cidadãos se tranqüilizam: estão certos de não pertencer a essa subumanidade, objeto de risos".*

"Tudo é permitido a um ariano, quando se trata de aviltar, humilhar, injuriar um judeu. As diferentes ordens são executadas com a vontade deliberada de envilecer e rebaixar. Rauschning escreve: "A reação do povo alemão aos pogroms *do outono de 1938 mostra até onde Hitler os levou em cinco anos, e até que ponto os aviltou". O que é que temos a ver com isso? Desviem os olhos, se isso lhes causa horror. É o destino dos judeus, e não o nosso! Tal era a atitude dos passantes quando seres humanos meio despidos, velhos, doentes, mulheres, eram perseguidos pelas ruas".*

Por sua vez, Shirer nota: "Durante as primeiras semanas da Anschluss, *a conduta dos nazistas vienenses foi pior do que tudo o que eu havia visto na Alemanha. Assistiu-se a uma verdadeira orgia de sadismo".*

Para além do nazismo, a função do psicanalista, tal como a concebemos, faz com que não sejamos somente um espectador engajado, mas um crítico da permanência da nostalgia do *mestre*, e da maneira perversa como esta última anima o laço social. Essa perversão pode se manifestar no messianismo, encarnado por um Estado ou um partido. O Outro social, que suporta essa visada incestuosa do *Um* do povo inteiramente tomado num mesmo gozo, é então faltoso. Se este Outro é completo, é a unidade viva de um povo num Estado, até mesmo num "Führer", então é a tirania. O entendimento dessa perversão social nos obriga então a sustentar e a promover a criação de formas públicas e jurídicas limitando o arbitrário do poder. O papel público do psicanalista consiste também em sustentar a tomada de distância com relação a essa função de nivelamento do mito. Ele deve criticar incessantemente a idéia de uma completude social do Outro, sob a forma da unidade viva de um povo num Estado, até mesmo num Führer. É desta crença superegóica num Todo mitológico realizado, que deve ser servido, que a tirania tira sua força.

A alienação política reproduz aqui a alienação do sujeito quando este crê que o Outro nele é mais que o lugar interno da sua verdade, quando ele faz do Outro uma espécie de Outro sujeito todo-poderoso, verdadeiro deus superegóico e cruel, a quem está obrigado a obedecer. Esta obrigação é experimentada subjetivamente como a necessidade de fazer gozar incessantemente este deus cruel que se criou.

Neste estágio de nossa reflexão, vamos nos apoiar na teoria das grandes subversões de Léon Poliakov. Este constata que todas essas grandes subversões fazem sempre emergir "uma ideologia delirante" particular, a saber, uma espécie de *teoria da conspiração*. Segundo ele, essas subversões sociais que manifestam a mudança de uma ordem para uma outra só podem ocorrer sob a condição de serem imputadas a um agente verdadeiramente diabólico. Poliakov nomeia, portanto, essa teoria como a causalidade diabólica[27].

Ele observa, com efeito, o nascimento repetitivo de teorias que explicam as subversões sociais por agentes perversos, com a idéia constante de uma conspiração. O anti-semitismo moderno escora-se numa tal teoria da conspiração. Pois são, evidentemente, os judeus que, pelo fato de sua dispersão pelo planeta ao longo de toda a História, encarnam de maneira privilegiada este agente conspirador que visa dominar a terra, animado que está, alegadamente, por um ódio louco de todo o gênero humano.

Nesse sentido, o ensaio chamado *Os protocolos dos sábios de Sião*, que sabemos hoje ser uma falsificação, aparece como uma das peças centrais do delírio anti-semita dos tempos modernos[28].

Ontem, sob Hitler, hoje ainda, como conspiração judia internacional ou conspiração sionista internacional, essa teoria perdura. Para assentar sua demonstração, Poliakov cita diferentes exemplos, todos tomados de empréstimo a momentos de transição da História. Ele faz referência à Revolução Inglesa, com o tema da conjuração romana, e também à Revolução Francesa, com o tema da conjuração aristocrática. Estes estudos permitem-lhe então destacar o que chamaremos de um *invariante*. Poliakov o concebe como um mecanismo de seleção dos homens que são chamados a dirigir, durante esses momentos de transição. Apoiando-se em elementos tomados da psicanálise, Poliakov mostra, com efeito, que são indivíduos de tipo paranóide que, em tais circunstâncias, assumem as posições de autoridade e de comando.

Esses líderes podem desviar a angústia das massas, em face do caos possível, propondo-lhes trocar essa angústia do futuro por um medo delirante referido a um pretenso inimigo.

No caso do nazismo, é evidente que lidamos com um fenômeno desse tipo.

Com efeito, os judeus só foram objeto de ódio por terem sido inicialmente postos em posição de perseguidores e conspiradores. Sob este título, focalizaram sobre eles próprios, à sua revelia, o medo atroz do futuro que era o da Alemanha vencida do entre-duas-guerras.

Hitler jamais poderia ter-se tornado o Senhor da Alemanha se não houvesse genialmente compreendido que devia pôr-se a serviço do delírio que se

---

27 *La causalité diabolique*, Fayard.

28 *Histoire et usage d'un faux "Les Protocoles des sages de Sion"*. Edição estabelecida sob a direção de P.-A. Taguieff-Berg International, 1992.

havia apoderado da Alemanha, encarnando-o ao mesmo tempo, integrando assim, na ideologia racista, essa teoria da conspiração. Eis como Poliakov argumenta sua tese[29]:

"*Será preciso acrescentar que é nos indivíduos mal equilibrados ou mal integrados, nos quais as necessidades arcaicas ou os desejos megalômanos permanecem imperfeitamente recalcados, que a "causalidade animista", notadamente por ocasião de uma grande crise, ressurge e se exerce mais facilmente? Mas o estudo ainda mais determinante para o nosso tema é o de Merkl*[30], *segundo o qual, para além dos percentuais e dos dados estatísticos, os indivíduos do tipo paranóide, obcecados por uma rígida causalidade e especialmente receptivos, por este motivo, às teorias de conspiração, "têm um peso muito maior que o dos outros" na vida política, ao menos no caso de um regime totalitário. Merkl, com efeito, demonstrou a ligação entre o perfil psicológico dos membros do partido e suas atividades. Constatou-se que aqueles que, de maneira sintomática, eram atraídos pela visão policialesca da História — os tipos paranóides — assumiam mais freqüentemente que os outros as posições de influência e de autoridade. "A doença da violência que se havia apoderado da sociedade alemã não tinha remédio. O resto é História*", conclui o sociólogo americano. Mas, à reflexão, toda a História, vista sob o ângulo do problema do poder, não estaria balizada pela promoção, aos postos-chave, das naturezas combativas, prontas à decisão e mais facilmente levadas, por este motivo, às soluções extremas que o comum dos mortais?

Apoiando-nos no estudo de Poliakov, vamos concluir que a ditadura de Hitler constitui o caso limite dessa teoria da conspiração. Compreende-se, então, como a cristalização do nazismo na pessoa de Hitler pôde representar uma defesa contra a dissolução da sociedade, mas terminou, de fato, com a queda da civilização na psicose social. Eis porque é perfeitamente inútil invocar continuamente a condenação moral do nazismo. Com efeito, o problema essencial, aqui, não é o da substância moral desse regime, e sim, nesse contexto de barbárie, o do estado do *laço social*. Logo, vamos formular que o nazismo, antes de ser criminoso, é em primeiro lugar psicótico. É por isso que nossa atenção não deve se voltar tanto para o problema do genocídio e dos crimes cometidos quanto para a questão fundamental que se segue: como foi que esse regime e sua loucura se desenvolveram? Devemos, então, nos interrogar sobre este fenômeno muito estranho que se chama de hipnose coletiva.

---

[29] *La causalité diabolique*, Fayard.

[30] Sociólogo americano.

IV. A HIPNOSE COMO GRAU ZERO DO LAÇO SOCIAL

Em sua dimensão de fenômeno de multidão *inflamada* por Hitler, o nazismo ilustra, de maneira realmente espantosa, o que Freud chamou de *hipnose*[31]. Trata-se de uma identificação histérica inconsciente. Cada um se identifica ao desejo de seu vizinho graças a um mesmo ideal comum, suposto portador de um objeto de grande valor: o poder atribuído ao chefe. É aí que se explica, sempre segundo Freud, este fenômeno tão surpreendente da multidão humana: *"se seu chefe desaparece, o encanto se quebra".*

Como Charlie Chaplin também irá observar, depois de Freud, Hitler é aqui o objeto eminentemente precioso dessa identificação inconsciente e recíproca dos indivíduos. Esta não concerne a toda a sua pessoa, mas reduz-se a um único traço: seu bigode[32].

Compreende-se pois que, nas circunstâncias excepcionais em que a ausência desse objeto é duramente experimentada, pois nenhum objeto substituto surge no horizonte, os indivíduos se amalgamam em multidão, reduzindo o laço social a um laço hipnótico. Essa regressão permite-lhes superar, por um modo de vida quase alucinado, a falta de gozo que então habita a civilização.

---

[31] *Psychologie des foules et analyse du Moi*, in *Essais de psychanalyse*, Sigmund Freud, Payot, 1985, p. 181. A multidão equivaleria, pois, segundo Freud, a "*uma soma* de indivíduos, que puseram um só e mesmo objeto em lugar de seu ideal do Eu (*moi*) e estão em conseqüência, no seu "eu" (*je*), identificados uns aos outros."

[32] Sobre essa função da alienação a um traço, ver em particular o livro de Maser, *Prénom: Adolf. Nom: Hitler* (PLON, 1973, p. 177): *"A partir de 1930, depois que o primeiro volume de* Mein Kampf *estabeleceu (à diferença da edição de 1925) o princípio de que os chefes de grupos locais de distritos, de círculos e de* gaue *deviam ser nomeados "pelo escalão hierárquico superior" e "investidos de poderes e de uma autoridade ilimitada", muitos se acreditavam semideuses e insistiam em demonstrá-lo também por sua atitude geral. Assim como os burgueses alemães, no tempo de Guilherme II, acreditavam identificar-se ao soberano ostentando a mesma barba que ele, também os nacional-socialistas imitavam o bigode altamente "elaborado" de Hitler, que servira, inicialmente, para corrigir um nariz grande demais".*

Depois de ter esclarecido a essência hipnótica da sugestão e da constituição da massa, Freud procurou promover as condições de evasão desse laço hipnótico. Será a cura psicanalítica que irá permitir ao sujeito modificar sua identificação inconsciente. Quanto a Hitler, este havia lido o mesmo livro que Freud, a *Psicologia das Multidões* de Gustave Lebon (1895). Entretanto, ele o havia interpretado à sua maneira — e aí reside o seu gênio — , aquela de um chefe político podendo utilizar a hipnose como meio de dominação sobre as massas e, portanto, sobre o conjunto da sociedade.

Logo, Hitler desejou e aceitou ser, no sentido forte, o objeto de transferência das massas alemãs. Transferência que fez dele, pela via da propaganda, do rádio e do cinema, o Führer da nação.

Eis como ele mesmo explica esse processo: *"Como não sentiríamos, nesta hora, o milagre que nos reuniu? Vocês ouviram, outrora, a voz de um homem e ela tocou seus corações. Ela os despertou, e vocês seguiram essa voz. Seguiram-na durante anos, sem mesmo ver quem tinha essa voz. Apenas ouviram uma voz e a seguiram. Encontramo-nos todos aqui, e o milagre deste encontro enche nossas almas. Nem todos vocês podem ver-me, e eu não posso ver cada um de vocês, mas sinto-os e vocês me sentem"*[33].

Esse laço hipnótico, entretanto, é negativo e forçosamente perigoso pois, sob a figura de um chefe amado, perfila-se sempre aquela do "tirano originário" que Freud evoca em "Totem e Tabu". Freud mostra que esta figura do tirano originário é sempre a encarnação de uma potência cruel que se supõe querer nos assujeitar. Este tirano é como um ídolo primitivo a quem sempre devemos sacrificar.

Freud identifica sempre o chefe, tal como nos é revelado pela hipnose, como um substituto desse pai originário temido: *"A multidão sempre quer ser dominada por um poder ilimitado. Ela está, em seu mais alto grau, ávida por autoridade. Tem sede de submissão. O pai originário é o ideal da multidão que domina o "Eu" em lugar do "Ideal do Eu". A hipnose pode reivindicar, com justiça, este título: uma multidão a dois*'[34].

---

[33] Citado por ROHMAN em *Hitler, le Juif et le troisième homme*, Paris, PUF, 1983, p. 73.

[34] *Psychologie des foules et analyse du Moi*, Sigmund Freud, Payot, 1985, p. 196.

O Diagrama de Freud

(Esquema da constituição da multidão nazista pela via da identificação inconsciente a um traço unário)

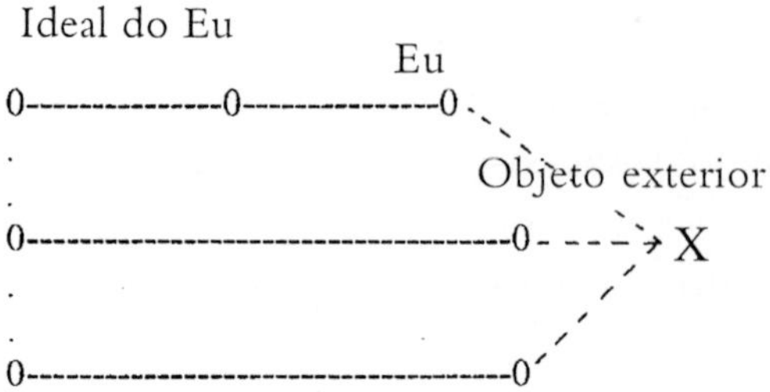

Esquema extraído de: "État amoureux et hypnose", in Essai de Psychanalyse, Sigmund Freud, Payot, 1985, p. 181.

No esquema de Freud, os três zeros representam uma multidão que se constitui por identificação inconsciente a um mesmo ideal evocando o objeto.

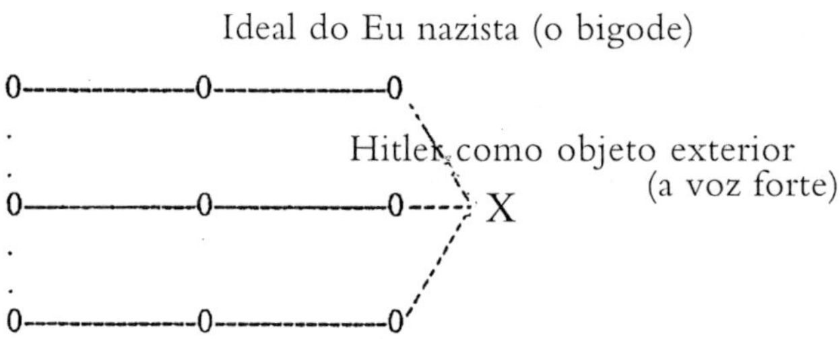

Comentário do esquema

O bigode do Führer tem a função de traço encarnando o Ideal do Eu e sua voz de barítono representa o objeto de gozo que cativa toda a multidão. Devemos ao psicanalista Claude Landmann a idéia de que a distância entre o objeto de gozo que falta e o traço do Ideal onde se cristaliza o *logro* pelo qual se poderia encontrá-lo apreende-se, no caso de Hitler, como a distância entre seu *bigode*, permitindo a identificação ideal à sua pessoa, e sua *voz*[35], encarnando o objeto perdido enfim reencontrado.

---

[35] Uma voz de barítono rachada, cujo ritmo evoca um tigre rosnando, prestes a devorar carne fresca, como nos faz observar a psicanalista Anne-Lise Stern, que foi testemunha e vítima.

Na mesma época, um outro homem, familiar de Hitler, tomou consciência da arte com que Hitler manipulava, de maneira hipnótica, as massas alemãs. Eis o testemunho de Hermann Rauschning, relatando as confidências que Hitler lhe havia feito[36]:

"Fanatizei a massa para fazer dela o instrumento da minha política; despertei a massa, forcei-a a elevar-se acima de si mesma, dei-lhe um sentido e uma função. Reprovaram-me por despertar, na massa, os mais baixos instintos. Não é isso o que faço. Se me apresento diante da massa com argumentos razoáveis, ela não compreende; mas quando nela desperto os sentimentos que lhe convêm, ela segue imediatamente as palavras de ordem que lhe dou. Numa assembléia de massa não há mais lugar para o pensamento.

E como tenho, precisamente, a necessidade de criar uma tal ambiência, porque somente ela me dá a certeza de que meus discursos surtirão seu efeito máximo, faço com que se agrupe nas minhas reuniões o maior número possível de ouvintes de todos os tipos e os obrigo a se fundirem na massa, queiram ou não: intelectuais, burgueses, mas também operários. Misturo o povo, e só lhe falo quando ele está petrificado numa massa única. Tenho a convicção íntima de que, na arte de influenciar as massas, ninguém pode rivalizar comigo, nem mesmo Goebbels. O que se pode conseguir por meio de cálculo e astúcia, este é o domínio de Goebbels. Mas o verdadeiro domínio das massas não é uma coisa que se aprenda[37]. *E note bem que, quanto mais numerosa a massa, mais fácil é dirigi-la. Quanto mais rica a mistura de ingredientes humanos — camponeses, operários, funcionários —, mais o amálgama assume o caráter típico de uma massa desindividualizada.*

Não há nada a fazer com as reuniões limitadas a pessoas cultas, representantes de interesses profissionais ou outros: o que hoje se obtiver delas por uma demonstração lógica será destruído amanhã por uma argumentação diametralmente oposta. Mas o que se diz ao povo, quando este forma uma massa, quando se encontra num estado receptivo de devoção fanática, isso se exprime e permanece como uma sugestão hipnótica; *é uma impregnação indestrutível, que resiste a qualquer argumentação razoável. Mas, cuidado: assim como existem neuroses individuais que o médico não ousa tocar, também assim se encontram, na massa, complexos que jamais se tem o direito de despertar".*

Notemos, no entanto, que Hitler nunca hesitou em despertar esses complexos.

---

[36] *"Hitler m'a dit".*

[37] O grifo é nosso.

SEGUNDA PARTE

HITLER, O NAZISMO E OS JUDEUS

V. O CONTEXTO ALEMÃO DO ENTRE-DUAS-GUERRAS

O estudo teórico do nazismo, como *desmontagem* de um caso limite levando à ruptura do laço social, contribui para edificar nossa teoria estrutural da civilização, trazendo à luz, *a contrario*, suas condições de marcha normal. Vamos explicitar esse conceito psicanalítico de progresso. Contrariamente à idéia correntemente admitida de uma marcha em direção a um ideal, vamos entender por progresso o simples funcionamento normal do laço social, na medida em que ele não cessa de progredir rumo a um ideal que não cessa de recuar. Entretanto, este funcionamento não ocorre por si só, mas necessita de um processo de reforma permanente e imanente. A marcha normal das coisas não é estática: ela está — e esta é a sua natureza — *em perpétuo progresso.*

Esta idéia do progresso não visa, pois, um fim ideal num futuro incerto, mas antes um funcionamento qualitativo diferente, superior, de vez que em permanente reforma de si mesmo. Por progresso, queremos dizer que *isso gira*, que se reproduz, sem dissolução do laço social, o mecanismo de alienação dos sujeitos à lei simbólica da civilização. Precisamos então conceber esse mecanismo como um ajustamento contínuo entre a instância da lei simbólica e as formas culturais que a encarnam e que, para isso, devem se reformar de modo permanente. Pensemos, com este fim, na invenção dos direitos do homem, ao mesmo tempo como idéia e prática social nova.

Mas, para que o progresso se realize, a cultura deve integrar aquilo que *falha* no nível da produção simbólica dos sujeitos. É necessário, portanto, que no seio da cultura haja uma instância permanente que a reforme a partir do interior. Vamos chamar de *logos*[38] a esta instância. Por este conceito de *logos*, queremos pôr em evidência a predominância das diferentes lógicas de pensamento inconsciente que existem em toda cultura e que comandam a produção

[38] Apoiamo-nos no conceito psicanalítico de discurso, formulado por Lacan.

de obras e de discursos conscientes de que a sociedade necessita para estabelecer seus valores, transformar-se e reproduzir-se. Com efeito, a alienação do sujeito à lei simbólica não se faz, como dissemos, sem um ajustamento contínuo das diferentes lógicas de pensamento que estruturam todo laço social.

A correção permanente das falhas por esse *logos* interno à cultura incita a produzir teorias sobre o sintoma social. É assim que se explica o nascimento da psicanálise.

Essa idéia do progresso como movimento contraditório do presente[39] é um conceito novo, que nos obriga, pois, a abandonar toda utopia e toda projeção mítica da História. No entanto, renunciar a esta norma que é o progresso, na medida em que ele é o nosso possível, e portanto o nosso dever, seria o pior, e poderia levar ao fracasso, a longo prazo, desse mecanismo da civilização. Ora, o nacional-socialismo é, precisamente, a expressão de uma tal renúncia. Com efeito, ele quis encarnar à força um fim ideal da História. No seio dos fascismos, ou dos regimes fortemente personalizados que surgiram na Europa entre 1922 e 1944, o nazismo, comparado à França de Vichy ou à Itália mussoliniana, constitui um caso singular. De fato, na Alemanha, a estrutura da civilização despedaçou-se, quando não foi este o caso, apesar da guerra, na França e na Itália. Nestes dois últimos países, os dirigentes podem ser chamados de ditadores ou déspotas, mas em caso algum podem ser assimilados ao que chamamos o tirano bárbaro, aquele que reencarna a figura mítica do pai canibal originário, cuja emergência faz bascular a civilização na psicose social. Hitler pôde colocar-se acima das leis, encarnou aquele que faz exceção à lei, o que não foi o caso de Pétain ou de Mussolini, apesar dos traços de despotismo ou de fascismo de seus regimes.

Esse desenvolvimento do fascismo em toda a Europa, e da tirania na Alemanha, vem nos revelar a fragilidade do quadro social democrático. Nesse sistema, é a cultura que ajusta a lei simbólica ao poder social, a fim de legitimar este último. *Aí está o laço entre cultura e civilização.* A cultura constitui, para cada nação e cada povo, a verdadeira viga-mestra que sustenta a civilização. Este quadro se rompeu na Alemanha de antes da guerra, sob a imensa pressão dos fatos devastadores da Primeira Guerra Mundial e da escalada dos movimentos revolucionários. Compreende-se, então, por que a República de Weimar, impregnada de ideologia jurídica liberal e orgulhosa de sua constituição democrá-

[39] A noção de porvir pode ser entendida em dois sentidos, seja como esperança utópica, dando a considerar que, no final, viria "a coisa" que nos completaria, seja como o desejo de continuar, apesar da falta de gozo, isto é, apesar do mal-estar que não cessa de habitar a civilização.

tica, não teve o peso necessário e não pôde ocupar o lugar que havia sido mantido pelo II° Reich, como expressão legítima dessa articulação entre lei simbólica e cultura. Sem dúvida, faltou tempo à República de Weimar, demasiado ocupada com urgências econômicas de todas as ordens, herança do período precedente. Devemos ao doutor Johanan Cohen uma reflexão sobre o papel sobredeterminante no nível das causas da crise econômica e do *desaparecimento*, na vida social, do *papel regulador* do dinheiro. Estes têm por efeito amplificar o caráter surrealista dessa atmosfera de *psicose social* na Alemanha. Mas, seja como for, era o Reich que funcionava como *significante mestre*, aquele que fundava toda legitimidade e que tornava a ligar os alemães ao antigo Santo Império Romano Germânico e, num passado ainda mais distante, à "Roma Imperial".

É somente nessa perspectiva de uma muito longa duração, e sobretudo na lógica de seu delírio, que se compreende a necessidade, para Hitler, de nomear como *Terceiro Reich* o objeto de seu gozo. Esta falsa nomeação tendia a renodular a Alemanha com seu império perdido, para além da moderna mutação rumo ao progresso tentada pela República de Weimar.

Como psicanalista, vemos nessa falsa nomeação de Terceiro Reich uma metáfora delirante: esse império, não sendo encarnado por uma autoridade inscrita no direito e na cultura, não podia legitimamente fazer lei, isto é, constituir um pacto simbólico para todos os alemães.

Logo, para nós e por essência, o regime nazista só poderia gerar uma intolerância crescente com relação a todos aqueles que não fizessem parte da comunidade do povo, a *Volk Gemeinschaft*: os aristocratas, os ciganos e os judeus. Devemos, aqui, compreender a necessidade que levou os diversos componentes do povo alemão à segregação, ao crime, ao genocídio, não apenas de estrangeiros, mas também, fatalmente, de outros, dos "diferentes", isto é, os judeus. Mas essa segregação, e este é um ponto essencial, também chegou mesmo a atingir certos alemães, aqueles que apareciam como diferentes do ideal nazista. É assim que entendemos, retrospectivamente, como pôde nascer esse projeto de extermínio dos deficientes mentais.

No que toca aos homossexuais, constatamos que a intolerância habitual a todo desvio com referência à normalidade social franqueou então um passo a mais nessa situação de *psicose social*. Neste sentido específico, a deportação de homossexuais pelos nazistas representa o ódio a toda diferença. O sexismo, aqui, conduziu ao crime contra a humanidade.

Entretanto, essa intolerância a toda diferença, imposta pelo nazismo, deve ser relacionada com a decomposição do laço social durante o período da República de Weimar onde — como observam certas testemunhas privilegiadas, tais como Peter Gay e Stefan Zweig, sem captar sua importância — se produz uma escalada manifesta da homossexualidade. Os bailes públicos de travestis são a sua manifestação revelada.

Logo, o nazismo não foi somente um regime criminoso, cometendo genocídios. Foi também, e sobretudo, o agente de um autogenocídio, de vez que, como sabemos hoje, Hitler queria destruir tudo ao final da guerra, tendo sua "raça" se mostrado mais fraca. Essa criminalidade procedia da psicose social que queria anular, para além da multiplicidade de genocídios, a lei simbólica da humanidade. É nesse quadro, pois, que se deve situar o lugar do crime cometido contra os judeus. Este crime, com efeito, sobredeterminou os demais, realizando, na escala de uma nação inteira, uma tentativa bem sucedida de parricídio.

Devemos, enfim, levar em conta este dado "aleatório" que é o surgimento de um sujeito bem particular, no caso, Hitler, e que graças a suas capacidades desempenhou um papel irresistível. Não são apenas as massas que fazem a História, e sim, realmente, o sujeito que, graças a sua particularidade, exprime o novo de que todos necessitam e que todos reconhecem.

VI. A PSICOSE MANÍACO-DEPRESSIVA DE HITLER

Nós, que nos esforçamos para compreender o *sujeito* Hitler, estamos reduzidos à especulação. De fato, só podemos estabelecer conjeturas com base em declarações feitas, testemunhos prestados[40], e nosso conhecimento dos atos cometidos. A partir desse acúmulo de informações podemos, no entanto, formular a hipótese de que Hitler sofria de uma psicose maníaco-depressiva.

Vamos lembrar inicialmente o que entendemos por psicose[41]: por este conceito, queremos designar uma das duas grandes formas de sintoma que estruturam o sujeito humano desde sua vinda ao mundo. À diferença da neurose, que integra a dimensão da lei simbólica e que, por isso, proporciona uma certa normalidade[42] ao sujeito, a psicose, não integrando essa dimensão, gera uma demência interna que pode, conforme as circunstâncias, revelar-se como loucura externa.

A falta dessa identificação simbólica ao pai obriga o sujeito psicótico a encontrar uma suplência para ela: as alucinações visuais ou auditivas esquizofrênicas e o delírio paranóico virão preencher esta lacuna de significação simbólica, em que o sujeito encontra normalmente seu lugar no mundo. No quadro da psicose, constata-se que o sintoma maníaco-depressivo encontra sua especificidade na sua capacidade de mascarar a demência interna à estrutura do

---

[40] Apoiamo-nos, entre outros, no testemunho já citado de Albert Speer, *Au coeur du IIIème Reich* (Fayard, 1971), nos trabalhos de Werner Maser, *Hitler inédit*, escritos íntimos e documentos (Albin Michel, 1975), de Marlis Steinert, *Hitler* (Fayard, 1991), de Werner Maser, *Hitler, Adolf* (Plon, 1973), e na obra do próprio Hitler, *Mein Kampf* (Nouvelles Éditions Latines, reedição, 1979).

[41] Cf. "D'une question préliminaire à tout traitement possible de la psychose", in *Écrits*, Jacques Lacan (Le Seuil, 1966).

[42] Por normalidade, entendemos aqui o efeito bem sucedido de transmissão da "lei simbólica inconsciente" ao sujeito, transmissão que é experimentada por este como uma frustração de gozo, obrigando-o a admitir entre ele e sua mãe a presença de um elemento terceiro, que a psicanálise chama de "Pai".

sujeito por trás das variações cíclicas do humor (exaltações maníacas e tristezas depressivas acompanhadas de dores psicossomáticas permanentes).

Mas é pelo mecanismo geral que Lacan chama de foraclusão, pela recusa dessa função do pai simbólico, ou *nome do pai*, e de sua autoridade, que se estrutura a psicose num sujeito. O *nome do pai* designa, aqui, o que faz autoridade última. Ele corresponde[43] à *função freudiana do pai morto*, aquele que se supõe ter sido assassinado por seus filhos no tempo mítico da origem da civilização.

Sem hipostasiar este pai mítico, vamos admitir que em todos os casos, para o neurótico, o pai em questão é o vetor da autoridade imposta à criança e à sua mãe.

O pai é, pois, o nome do elemento terceiro entre estas duas últimas. Nesse sentido, todo pai, referindo à própria revelia ao pai simbólico, pela posição que ocupa estruturalmente é objeto de um ódio e de um desejo de morte. Este ódio primitivo engendra uma culpa primeira que, vamos lembrar, se transforma em criação de uma lei simbólica à qual é preciso submeter-se.

Observamos, portanto, que para o neurótico essa autoridade última do pai simbólico existe sob uma dupla forma, ao mesmo tempo como a de uma referência significante no desejo materno e como a de um elemento que dá sentido ao desejo da mãe. É essa dupla modalidade que permite compreender por que a referência ao pai simbólico, fazendo lei para um sujeito, é também aquilo que vai sexualizar seu desejo. É por isso que a ausência de uma tal referência vai gerar a loucura e uma incapacidade do gozo de se estabilizar, de se limitar pelo acesso ao desejo sexual ligado à existência simbólica do *"símbolo sexual* Φ"[44].

Compreende-se então por que, no caso da psicose, a falta da referência ao pai simbólico reduz a estrutura do sujeito a uma relação imaginária delirante, limitando assim o sujeito ao seu eu. *Eu*, por isso, apaixonadamente amado e interessado em si mesmo, já que é ao mesmo tempo o ser e o objeto do sujeito psicótico.

Foi através de um eu deste tipo, interpretado como o Führer da nação alemã, que Hitler pôde encontrar o delírio ideal para localizar e obter o gozo que faltava à sua própria imagem.

---

[43] *Totem et Tabou.*

[44] Por "símbolo sexual Φ", queremos designar aqui *a fonte do desejo, "o valor inconsciente"* que começa a existir para um sujeito devido ao recalcamento de seu gozo fusional com a Mãe.

Chamemos de *gozo transexual* este amor e este interesse que o sujeito psicótico — aqui, Hitler — dirige à sua própria imagem. Vamos precisar, então, essa teoria do gozo sexual e transexual. Para isso, pois, vamos partir da diferença que estabelecemos entre o prazer, na medida em que é consciente, e o gozo, que é em grande parte inconsciente e que, além disso, só existe sob a forma de uma mistura de prazer e desprazer. A experiência humana, tal como a psicanálise a reflete, nos revela então que o gozo só é experimentado, definitivamente, de três maneiras:

1) como gozo sexual ligado à satisfação orgásmica de um desejo orientado pelo símbolo sexual (o falo inconsciente), o que corresponde à parte masculina de nossa estruturação subjetiva.

2) como gozo ligado à nostalgia do gozo fusional experimentado no contato com a mãe. Este gozo, que se pode atribuir à nossa parte feminina, e que é diferente do gozo sexual, é sentido no nível do corpo, ao mesmo tempo, como prazer difuso e como insatisfação sexual.

3) como gozo dos órgãos erógenos do nosso corpo, sem o qual, de qualquer jeito, as duas outras formas de gozo não existiriam. Estes órgãos erógenos representam a fina rede situada na superfície de nosso corpo, que nos liga à sexualidade biológica e que constitui o lugar, o veículo que permite ao gozo *passar*.

Essas três modalidades de gozo supõem, como dissemos, que o sujeito se tenha, previamente, estruturado de maneira normal, isto é, segundo a lei simbólica da humanidade. Esta se impõe como uma diferença inconsciente simbólica entre posição homem e posição mulher, diferença a assumir e que permite levar também em conta a ruptura das gerações. Essa lei funciona, pois, como lei e censura, obrigando o sujeito a aceitar ser privado do gozo inerente ao sexo que ele não tem. Essa perda assumida tornará o sujeito desejante do encontro amoroso com o outro sexo a fim de preencher, por um instante, sua falta. Percebe-se então que essa estruturação do sujeito funciona ao mesmo tempo como aparelho regulador do gozo e como instância ética fazendo lei.

À diferença do neurótico, o sujeito psicótico, não chegando a se estruturar segundo essa diferença entre homens e mulheres, verá seu gozo transitar, ir e vir, hesitar entre esses dois pólos, em vez de se diferenciar. É por isso que retomamos a expressão *gozo transexual*, proposta por Lacan, para caracterizar esse gozo ligado a uma imagem de si mesmo, desprovido de representações simbólicas do falo, ou seja, do símbolo sexual. Com efeito, precisamos compreender que, para um psicótico, o *significante* da paternidade simbólica, portador da lei, é faltoso. Isso acarreta, para o sujeito, a ausência de inscrição de um valor sexual (o falo), Φ. A conseqüência disso é a falta da significação do sexo para o psicótico. Foi o que aconteceu com Hitler, desprovido, como todo sujeito psicótico, do significante que dá o valor sexual: o psicótico deve então construir, inconscientemente, uma significação substitutiva, valendo pelo símbolo sexual (o Φ faltoso). Lacan[45] nos indica, então, que a substituição inventada pelo psicótico para compensar sua falta de inscrição fálica assume a forma seguinte: *"à falta de poder ser o falo que falta à mãe, resta-lhe a solução de ser a mulher que falta aos homens"*[46]. Compreende-se pois que esta solução situa o sujeito numa espécie de feminilização fundamental, isto é, numa espécie de identificação com a mãe como mulher, recusando-se a reconhecer a existência e o valor do homem. Pode-se supor que a mãe de Hitler tenha sido uma mulher desse tipo, na medida em que se imagina que, para ela, a realidade do incesto no nível de sua própria família acarretou-lhe uma *descrença* concernente à autoridade simbólica.

Compreende-se, então, por que o gozo de Hitler pode ser nomeado *gozo transexual.* Com efeito, podemos dizer que esse gozo, desligado do símbolo sexual, transita rumo ao gozo próprio do *ser mulher.* Este obtém sua substância na atuação do delírio nazista que, justamente, coloca Hitler em posição de supermulher, desejada pela Alemanha. Aí está quem foi Hitler, este homem suposto ser, em suas próprias palavras, *"o homem mais duro que a Alemanha jamais conheceu".* Hitler foi a eleita, no feminino, da Alemanha.

Explicamos, portanto, o que todos constataram em Hitler: seu gozo megalômano, sua erotomania — *"tudo fazer para ser adorado pela multidão"* —, sua bizarra sexualidade onde, justamente, é o lado de "exibição", o lado de "simulação" do personagem que se mostra. Parecer galante, saber publicamente apreciar as mulheres bonitas, não significa ter vontade de dormir com elas, não induz nenhuma "passagem ao ato". Nesse sentido, o historiador Werner Maser afirma que Hitler foi o amante de Eva Braun, reconhecendo ao mesmo tempo que ele foi um amante curioso. Evidentemente ele não captou a importância desse problema sexual por não ter à sua disposição a teoria do gozo que a psicanálise nos traz. Embora seja impossível ser categórico quanto a essa questão, vamos manter, ainda assim, nossa hipótese de que Hitler foi pouco afetado pela "coisa", dada a exclusividade transexual concedida a seu *eu.*

---

[45] Cf. o esquema R tirado do artigo "Du traitement possible de la psychose" in *Écrits*, Lacan, p. 571.

[46] Cf. Lacan, artigo citado, *Écrits.*

No entanto, o sujeito psicótico pode esconder esse delírio inerente à sua estrutura sob uma normalidade excessiva, ou revelá-lo por ocasião daquilo que chamamos, justamente, de descompensações psicóticas. Ele também pode conseguir contê-lo nos ideais veiculados pelo discurso social, que então exalta de maneira megalômana. Serve-se, então, desses ideais como forma reconhecida publicamente para envolver seu sintoma e para normalizar, não a sua estrutura mas, de modo relativo, suas condutas e suas discordâncias íntimas. No caso de Hitler, o delírio cristalizou-se no discurso nazista e em torno dele, com seus ideais de raça superior. Podemos estar certos de que o fim dessa guerra, com a derrota militar acarretando a destruição da Alemanha e da ideologia nazista, teria provocado em Hitler uma descompensação, revelando, se ele não se houvesse suicidado tão depressa, a demência inerente à sua estrutura maníaco-depressiva.

Podemos, assim, dizer que a psicose maníaco-depressiva em Hitler exprimiu-se ao mesmo tempo como mania[47], pelo gozo simbolizado pelo ideal de onipotência, e como depressão, pelo gozo-sofrimento real, ligado aos *permanentes sofrimentos corporais*. A especificidade maníaco-depressiva está na sua oscilação entre esses dois gozos. Como interpretar de outro modo a absorção maciça de pílulas *mágicas* que lhe eram fornecidas por seu médico pessoal, o doutor Morel, consideradas capazes de estabilizar suas dores permanentes? Seu nervosismo, sua insônia, são nele o indício desses objetos de gozo não simbolizados, fora de toda dialética significante, objetos que sobrecarregam o sujeito psicótico.

Em Hitler, essa oscilação se manifestará ainda através de um gozo maníaco que irá se exaltar à idéia de uma ameaça externa-interna (o mundo inteiro, os judeus) que o sujeito pode enfrentar, até mesmo dominar. Para ele, a injunção a obedecer, que deveria ter sido a do pai simbólico na normalidade, vai tornar-se uma injunção surgida do próprio real social, sob a forma de um apelo ao combate. Será a sua *Mein Kampf.*

Podemos, então, explicar como essa psicose se instalou em Hitler. Deve ter havido, necessariamente, uma ausência de referência ao laço de paternidade simbólica na mãe de Hitler.

---

[47] Em "Psicologia das massas e análise do eu", Freud chama de maníaca essa coalescência, num sujeito, entre o *ideal* e o *eu*. Investido desse ideal de onipotência, o sujeito é então afetado por uma exaltação quase permanente. Vamos lembrar o que ele disse em 1921:
"No terreno de nossa análise do eu, não é duvidoso que, no maníaco, eu e ideal do eu confluíram, de modo que a pessoa, cujo humor feito de triunfo e de deslumbramento de si mesmo não é perturbado por nenhuma autocrítica, pode se rejubilar pela desaparição de suas inibições, da consideração pelos outros e das auto-reprovações".

Como esta ausência, concernente à lei simbólica em seu desejo, levou essa mulher a se casar com um homem, o pai de Hitler, ele próprio oriundo de uma família presa em relações incestuosas[48]? Esta pergunta permanece sem resposta para nós. A ausência de saber, no entanto, não invalida nossa tese, segundo a qual *o lugar do pai simbólico foi apagado no desejo da mãe*[49] *de Hitler,* a ponto de que esta tenha fabricado um filho psicótico: Adolf.

A evidência do delírio de Hitler quanto aos judeus — delírio segundo o qual o incesto praticado por estes lhes teria dado condições de sobrevida e reprodução social — se interpreta, claramente, como uma projeção e uma defesa diante de sua história familiar. É certo que, aqui, Hitler projeta o ódio que tem de seu grande Outro[50].

"Unindo-se incessantemente entre eles, praticando o incesto há milênios, freqüentemente no círculo mais estreito, os judeus conservaram em geral sua raça e suas particularidades melhor do que muitos outros povos. Segue-se que entre nós vive uma raça estrangeira, não alemã, que não quer e nem pode sacrificar suas particularidades, renegar sua mentalidade, seus sentimentos e suas aspirações, e que possui, no entanto, todos os direitos políticos que nós mesmos possuímos"[51].

Deve-se, evidentemente, levar em conta o caráter autoritário do pai de Hitler, Aloïs. É certo que este pai serviu de modelo e de suporte à identificação do jovem Adolf. Vamos admitir, porém, que este fato incontestável não explica nada sobre a estrutura de Hitler.

Aliás, é ridículo explicar o caso de Hitler como uma reação a um pai brutal. É preciso encontrar ou tentar construir, como fazemos, a série de causas que dão conta do caso de Hitler na sua singularidade. É possível, além disso, que Hitler fosse afetado pela dúvida relativa à verdadeira identidade de seu avô paterno[52].

---

[48] Apoiando-se nos documentos e declarações não publicadas dos pais de Hitler, é possível, hoje, identificar o avô paterno de Adolf Hitler com uma probabilidade próxima da certeza. A se acreditar nesses documentos, Adolf Hitler seria o fruto de práticas consangüíneas... *Hitler, Adolf,* de Werner Maser (Plon, 1973).

[49] Johanna, a tia de Hitler, irmã de sua mãe Klara, era esquizofrênica? Em nossa perspectiva, aquela da não-transmissão da lei simbólica pela família da mãe de Hitler, seria importante sabê-lo. Cf. Alice Miller, *C'est pour ton bien* (Aubier, 1994, p. 226).

[50] Principalmente quando se sabe que ele teve como "Amor ou Amante" sua sobrinha Geli, filha de sua irmã Angela, e que esta suicidou-se para escapar dele. Cf. *Hitler, Adolf,* Maser (Plon 1973).

[51] *Libres propos,* reunidos por ordens de Hitler por Martin Borman (Flammarion, 1952).

[52] Foi em 1876 que o pai de Hitler, Aloïs Schikelgruber, mudou de nome, passando a chamar-se Alois Hitler. Cf. Maser, p. 37 (Plon, 1973).

Mas, supondo-se que ele acreditasse ser neto das relações entre um comerciante judeu e sua avó paterna, isso talvez explique seu anti-semitismo, mas nada explica sobre a sua capacidade de fazer partilhar de sua convicção milhões de outras pessoas.

Na idade de dezoito anos, Hitler perdeu a mãe. Podemos supor que uma depressão se apoderasse dele durante esse luto. Mas o que nos aparece é que somente depois de seu fracasso na Escola de Belas-Artes sua psicose se revelou. Nesse ponto, vamos citar ainda Maser[53], que traz o testemunho essencial, descrevendo o efeito que teve sobre Hitler este fracasso no exame de ingresso da Escola de Belas-Artes: "Deixei, muito abatido, o palácio Hansen, pela Schiller Platz, duvidando de mim mesmo pela primeira vez em minha vida, pois o que acabava de ouvir sobre minhas disposições me revelava, de repente, como um clarão súbito, uma *discordância* de que já sofria há muito tempo, sem poder me dar conta, exatamente, de sua natureza e causas."

Veio em seguida o encontro com a política, pela criação do partido nazista, e com a ideologia, pela adesão à mitologia racista e ao delírio anti-semita, o que permitiu a Hitler sair de sua depressão evidente desde seu insucesso no exame de admissão à Escola de Belas-Artes e normalizar sua psicose maníaco-depressiva da maneira exaltada que se sabe.

É por isso, em face das explicações estruturalistas ou funcionalistas que visam explicar o nazismo minimizando o lugar e o papel de Hitler, que o psicanalista, ao contrário, é levado a dar a compreender que Hitler é, realmente, *o elemento-chave desse sistema.*

Sem o encontro entre o mito racista coletivo e a estrutura psicótica particular ao sujeito Hitler, não teria havido essa *transformação do nazismo em psicose social.* Em razão do caráter intrinsecamente delirante[54] da ideologia nazista, Hitler pôde transmitir ao coletivo o aspecto persecutório de sua demência. Ele o socializou. Por este motivo, permitiu a muitas pessoas uma identificação com a base paranóica de sua psicose.

Foi por esse viés que o delírio nazista tornou-se uma força atuante, isto é, um verdadeiro discurso, obrigando um grande número de pessoas a submeter-se e a abrir mão de suas responsabilidades de cidadãos. Foi graças a seu sintoma que Hitler não manifestou inibição alguma em apoiar-se no fundamento paranóico de seu saber. Essa capacidade, que só se pode definir como psicótica, fez dele um ser ao mesmo tempo extraordinário e no entanto medíocre, como

---

[53] Maser, op. cit.

[54] Vamos explicar mais adiante a diferença entre ideologias delirantes e ideologias racionais.

confirmam todos os testemunhos que sublinham a preeminência de estereótipos em suas declarações.

Com efeito, o discurso social da época permitiu à psicose de Hitler estabilizar-se relativamente, ao passo que, em outras circunstâncias, teria ocorrido uma discordância manifesta. Houve, com certeza, uma afinidade entre sua demência psicótica e a forma social que foi o delírio paranóico racista da sociedade alemã da época. Isso nos explica por que sua psicose não parecia louca, mas normal, embora o personagem fosse estranho e impenetrável. Hitler só aparecia como um ser excêntrico, monomaníaco no nível de suas intenções declaradas, apático e indeciso no nível prático. Nesse sentido, durante muito tempo se pôde acreditar, e ainda se acredita, erradamente, que Hitler fosse um cínico, mais que um psicótico. A nosso ver sua insensibilidade e sua crueldade provinham de sua psicose.

A maneira como Hitler se sentia convocado pela Providência a ser o agente da transmutação biológica da espécie humana, graças a uma política racial fantasma, certamente perversa, não era o essencial da sua problemática de psicose. Com efeito, é principalmente o aspecto paranóico do sujeito *perseguido pelos judeus* o motivo condutor da sua queixa. A missão que se atribui incide muito mais sobre o aspecto paranóico de *limpeza racial*, de eliminação de dejetos, do que sobre o aspecto perverso de melhoramento da raça humana. Hitler, como todo psicótico, é aquele que é perseguido por seu "Outro social" — os judeus —, e que não tem outra solução a não ser separar-se dele, no real da sua carne, por um ato de auto-mutilação. Por essa razão fundamental Hitler não terá cessado de querer, até seu último suspiro, libertar a Alemanha de seus judeus.

Compreendemos agora como Hitler, elevado ao posto de chefe supremo por sua capacidade psicótica, tornou-se este indivíduo fora da norma, que não se deve confundir com a elite crapulosa e perversa de dirigentes que o cercavam.

A particularidade de seu caso se esclarece ainda mais quando o comparamos com seus próximos e subordinados, como Goering ou como Himmler, cuja responsabilidade de homens parece, paradoxalmente, mais criminosa que a sua. De fato, Goering não aparece como um demente, mas antes como um crápula, um ladrão e um mentiroso, obrigando sua própria mãe a assinar uma declaração afirmando que ele era de ascendência ariana e, portanto, fruto de um adultério, já que seu pai era judeu[55].

---

[55] Steinert-Fayard, 1991, p. 300, *Hitler*.

Se compararmos atualmente as declarações de Hitler e as de Himmler, a diferença de suas estruturas aparece nitidamente. Hitler, sem dúvida alguma, é afetado por um delírio de grandeza: *"Creio ser não somente o homem mais duro que a nação alemã conheceu em decênios, talvez em séculos, mas também aquele que possui a maior autoridade"*[56].

Evidentemente Hitler — todas as suas afirmações testemunham disso — sentia-se no direito de fazer o que queria. A importância imperturbável que atribuía a seu ser justificava sua conduta. Não era este o caso de Himmler, que aparece como o exemplo típico do criminoso levado ao ato pela culpa. Em seus "Discursos Secretos", ele apresenta o projeto de extermínio dos judeus como o problema mais difícil de toda a sua vida, em seguida, como um ato de legítima defesa e, enfim, como a expressão de um direito social de suprimir uma raça inferior. Vamos citar este trecho, a propósito dos judeus[57]:

"Peço-lhes com insistência que escutem simplesmente o que digo aqui a poucos, e que jamais falem nisso. Foi-nos formulada a pergunta seguinte: O que fazer com as mulheres e crianças? Tomei uma decisão, e encontrei uma solução evidente. Não me sentia, com efeito, no direito de exterminar os homens — digam, se quiserem, matá-los ou mandá-los matar — e deixar crescer crianças que se vingariam em nossos filhos e nossos descendentes.

Foi necessário tomar a grave decisão de fazer esse povo desaparecer da terra. Esta foi, para a organização que deve cumprir essa tarefa, a coisa mais dura que ela já conheceu[58]. *Creio poder dizer que isso foi realizado sem que nem nossos homens, nem nossos oficiais tenham sofrido em seus corações e suas almas. Este perigo, no entanto, era real. A via situada entre duas possibilidades — tornar-se demasiado duro, tornar-se sem coração e não mais respeitar a vida humana, ou então tornar-se demasiado mole e perder a cabeça até chegar a ter crises de nervos —, a via entre Cila e Caribde é desesperadamente estreita".*

Como dissemos, essa decisão não deixa de provocar em Himmler um sentimento de dúvida e uma imensa culpa, à diferença de Hitler. Eis, enfim, como o chefe da Gestapo justifica a dissimulação de seus atos:

"Acabei com a questão judaica. Vocês agora estão a par, e guardarão tudo isso para vocês. Bem mais tarde, talvez se possa mesmo expor a questão de saber se é preciso dizer mais sobre isso ao povo alemão. Creio que foi melhor que nós

---

[56] Discurso de 8 de novembro de 1940 citado por J.P. Stern em *Hitler, le führer et le peuple* (Flammarion, 1985, p. 110).

[57] *Discours secrets*, de Heinrich Himmler (Gallimard, 1978).

[58] O grifo é nosso.

— todos nós — tenhamos nos encarregado disso pelo nosso povo, que tenhamos assumido a responsabilidade de um ato e não de uma idéia, e que levemos nosso segredo conosco para o túmulo."

Ainda que nos seja impossível estabelecer um diagnóstico de estrutura para Himmler, podemos no entanto, a partir da lógica de seus atos, levantar uma hipótese. Ao ler seus "Discursos Secretos" parece-nos, com efeito, que Himmler foi o próprio exemplo do criminoso preso ao gozo perverso ligado ao massacre de seus semelhantes.

Entretanto, não podemos nos contentar em condenar em termos morais ou ideológicos semelhantes atrocidades. É preciso compreender a natureza desses fatos. É preciso saber que se trata, aqui, não somente de crime, mas também de perversão social. Perversão que autoriza, se não conduz cada um ao assassinato de seu semelhante, na medida em que este é, simplesmente, diferente. O culpado a se incriminar aqui é o discurso que autoriza esses fatos. Devemos repetir incansavelmente que tais discursos são *delírios*, e que esses massacres ocorreram porque foram *autorizados* por este delírio. O racismo, o anti-semitismo, o sexismo garantidos pelo Estado forneceram um pretexto à denegação da lei simbólica que obriga cada um a recalcar o desejo de morte com relação ao próximo.

À diferença de Hitler, Himmler não se identificou com o messias providencial da Alemanha. Quis ser apenas o seu instrumento privilegiado[59]. Nesta perspectiva, os sádicos — aqui, Himmler, bem como os diferentes comandantes dos campos de concentração — não são somente sujeitos reivindicando o direito de gozar sem limites do corpo de outrem, como queria o Marquês de Sade, mas também aqueles que ocupam a posição de objeto do tormento. O sádico, com efeito, é um masoquista! O conhecimento inconsciente de ser o objeto que sofre permite ao sujeito perverso encontrar uma desculpa inconsciente para as torturas que inflige a suas vítimas. Assim, ele irá mesmo se glorificar por ser o instrumento da providência cruel, aqui, a Alemanha, aqui a raça, aqui Hitler.

Essa convicção perversa oferece, aliás, a esses sujeitos uma ousadia que rompe com os escrúpulos dos homens comuns, afetados pelos conflitos entre o bem e o mal. É por isso que o sujeito perverso não recua diante de nada, sobretudo diante do apocalipse que se anuncia. Neste, ele percebe inconscientemente o gozo de seu supereu e é isso, justamente, o que o caracteriza como

---

59 Esta diferença de intencionalidade obrigaria a distinguir diferentes formas de responsabilidade e a modalizar o conceito de criminoso contra a Humanidade. Será preciso esperar para isso os próximos genocídios?

perverso. Tudo se passa como se seu olhar gozoso, à vista do sofrimento do semelhante, fosse aquele mesmo do Outro superegóico[60]. A perversão como estratégia inconsciente do sujeito consiste em crer que a instância que faz Lei em nós, o Outro, goza.

Devemos aqui citar Hermann Rauschning, um dos primeiros companheiros de Hitler que teve, antes de todos e antes da guerra, a intuição da sua demência.

Lembremos seu extraordinário testemunho no qual ele se interroga sobre o diagnóstico a estabelecer com referência a Hitler[61]:

"*Hitler será louco? Todos os que tiveram a ocasião de encontrá-lo certamente se formularam essa pergunta. Quem quer que tenha visto este homem de frente, com seu olhar instável, sem profundidade nem calor, quem quer que tenha querido esquadrinhar esses dois olhos fugidios que, por trás de sua claridade fria, parecem trancados, sem um plano de fundo, e depois os viu assumir bruscamente uma fixidez estranha, deve ter experimentado, como eu, uma inquietante sensação de encontrar-se na presença de um ser anormal. Ele era visto, durante quartos de hora, apático, silencioso, nem mesmo levantando as pálpebras e palitando os dentes num gesto horrivelmente vulgar. Estava ouvindo? Estava ausente? Nunca, tanto quanto eu saiba, um visitante qualquer manteve um verdadeiro diálogo com ele. Estremecemos ao pensar que foi um louco que governou a Alemanha e precipitou o mundo na guerra*".

O caso de Hitler nos expõe uma questão muito difícil: pode-se tentar pensar sua pessoa, sua ideologia, sua política, sua guerra, seus crimes, como o equivalente de uma obra, num sentido análogo àquele empregado por Lacan para apresentar o caso de James Joyce e sua obra literária? Trata-se, no que diz respeito ao nazismo, de "um êxito psicótico", de um sintoma sublimado oriundo de uma formação socializada e permitindo assim a Hitler, artista fracassado, e a sua psicose desenvolverem-se de maneira criativa, ainda que criminosa?

Podemos responder a esta pergunta mostrando que Hitler, homem medíocre, funcionando por estereótipos, não criou nenhuma obra, e unicamente o seu ideal delirante foi seu sustentáculo. Este, como dissemos, se teria de qualquer forma dissolvido com o fim da guerra. Quanto ao artista criador psicótico, ele dispõe de um outro meio além do delírio para servir de suplência à função paterna, que para ele é faltosa. Para moderar seu gozo louco, o artista criador

---

[60] Cf. Lacan, *Le Séminaire, livre XX, Encore*, p. 70.

[61] *Hitler m'a dit*, Hermann Rauschning (Éditions Somogy, pp. 283-285, reedição em 1979 do texto de 1939).

pode, com efeito, utilizar a sublimação pulsional, muito desenvolvida nele. Graças a esta, ele pode operar e criar um nome para si, isto é, o equivalente de um objeto ideal que pode funcionar para ele como *"um símbolo heterogêneo"*, permitindo a sua estrutura encontrar um apoio. Este nome, reconhecido no laço social e beneficiando-se, portanto, do assentimento público, permite então a esse sujeito limitar em si, como já sublinhamos, o apelo do gozo canibal. Em nome desse nome, este sujeito pode então se normalizar e socializar parcialmente. Esta solução não foi a de Hitler.

Com efeito, Hitler representa o caso interessante de um psicótico que não pôde encontrar apoio num "simbólico heterogêneo". Seu único apoio foi o delírio racista nazista, delírio em que acreditou e em que se reconheceu, e pôde criar para si um personagem. No entanto, devemos observar que este delírio como formação ideológica era efetivamente um elemento social. Não era um elemento simbólico e, por outro lado, esse delírio não era *heterogêneo* ao sujeito de Hitler, mas antes *homogêneo* à sua estrutura *maníaco-depressiva*. A derrota do nazismo, por isso, poderia acarretar a descompensação do sujeito Hitler, se este sobrevivesse.

Diante do caso de Hitler, ficamos, pois, confrontados com a seguinte dificuldade. Com efeito, como mortais, devemos tentar ao máximo humanizar nosso mundo, construí-lo segundo leis e regras de direito que nos permitam fazer face ao real, sempre brutal, da História. Mas, por outro lado, como Hitler se revelou ser um cataclismo, uma espécie de explosão vulcânica, não lhe podemos aplicar as leis comuns que valem para todo homem. Com efeito, se ele fosse, como supomos, um psicótico maníaco-depressivo, não poderíamos, evidentemente, considerá-lo responsável por seus crimes no nível do direito[62].

No entanto, confrontados com tais indivíduos psicóticos que assumiram o poder e continuam a convocar para o assassinato de uma parte da população na qual vêem seus perseguidores, o único recurso de que dispomos é eliminá-los. Devemos então decretar, em nosso nome de cidadão, que um tal ser de exceção é um indivíduo fora da lei e que, por isso, podemos nos dar ao direito excepcional de legítima defesa que consiste em suprimir o tirano.

---

[62] À diferença, todavia, do jurista que tem o encargo de defender os direitos do cidadão, apelando para a categoria da imputabilidade, o psicanalista deve levar em conta as circunstâncias familiares que fazem com que um sujeito recuse sua liberdade originária, recuse assumir o fardo da dívida simbólica.

VII. O EXTERMÍNIO DOS JUDEUS COMO VITÓRIA DO DELÍRIO

Não se pode explicar o nazismo sem o apoio, que ele suscitou e encontrou junto ao povo alemão, no ódio aos judeus[63]. Este era tão poderoso que invadia todos os domínios da vida. Foi assim que, na música, os nazistas declararam guerra ao pretenso *judaísmo musical* que, segundo eles, fazia sombra ao brilho mundial da música alemã. Por terem objetado a essa loucura, como povo especialmente[64] portador da lei simbólica, os judeus foram, de maneira inconsciente e violenta, odiados. Foram, por esta razão, o primeiro povo a ser extermina-

---

[63] Nosso ensaio já havia sido publicado quando o magnífico livro de Daniel Jonah Goldhagen, *Les bourreaux volontaires de Hitler,* Le Seuil, 1997, foi lançado.

Nele encontramos uma confirmação historicamente irrefutável, no que concerne a essa estranheza, essa enormidade do *ódio ao judeu.*

Goldhagen tem, portanto, toda a razão de sublinhar o papel primordial desse "ódio anti-semita" na sobredeterminação de causas que permitiram o nazismo e a destruição dos judeus.

Pode-se, pois, dizer que D. J. Goldhagen, colocando-se do lado das *causas intencionais,* e não unicamente no terreno da *pesquisa infinita* das condições históricas, responde pela primeira vez ao *por quê* e não somente ao *como* foi possível esse horror.

Quanto a nós, situados deliberadamente numa posição metodológica que busca explicar a História por suas causas, e não unicamente por suas condições concretas, parece-nos que o papel que atribuímos à psicose social, às formações delirantes (o anti-semitismo) e aos atores psicóticos (Hitler), permite-nos responder *parcialmente,* mas talvez *suficientemente,* à questão final do *Porquê do Porquê.*

[64] Vamos observar que todos os povos, na medida em que perduram e fazem civilização são, ao mesmo tempo que atravessados por ela, portadores da *"lei simbólica da humanidade".* No que concerne aos judeus, sua originalidade está no fato de que construíram uma religião em torno dessa "lei simbólica". Freud, em seu "Moisés e o monoteísmo", mostra como, por causa disso, os judeus conceberam um imenso orgulho nacional que lhes insuflou uma extraordinária vitalidade e suscitou, até nossos dias, a inveja e o ódio dos outros povos. É evidente que os nazistas não criaram esse ódio ao judeu. Encontraram, pelo contrário, neste ódio mais ou menos consciente, o material emocional de base para fazer aceitar seu delírio.

do, seguidos pelos ciganos e eslavos, contra os quais o ódio provinha exclusivamente do racismo.

Os judeus cristalizaram sobre si mesmos o voto de morte que todos experimentam contra um representante da função paterna. O nazismo ampliou este voto de morte contra os judeus numa proporção até ali desconhecida.

Distinguimos, com efeito, o racismo do anti-semitismo. O racismo surge como o ódio ao semelhante, na medida em que este se apóia em nossa dimensão imaginária. Odiamos no outro as diferenças que não podemos integrar em nosso "Eu". Já o anti-semitismo aparece como um ódio de natureza diferente: não existem estereótipos nem critérios imaginários precisos nos quais se apoiar para fundar este ódio. Foi por estarem demasiado próximos dos alemães que os judeus foram portadores de angústia. *"Juden Sehen dich an", "Os judeus olham para você",* dizia-se em 1933. Mesmo Heidegger diria a K. Jaspers: *"Os judeus estão em toda a parte"*[65].

Como captar o que os torna diferentes se, justamente, esta diferença não pode ser entendida enquanto tal? Com efeito, os judeus, à falta de serem assimilados, são freqüentemente integrados no seio dos povos entre os quais vivem. Não sendo a diferença judia uma diferença de ordem imaginária, mas antes de uma ordem simbólica, é principalmente a relação com o significante *judeu* que faz dos judeus seres diferentes.

Por significante *judeu*, queremos definir, como já afirmamos no começo deste ensaio, um efeito específico: o de ser portador de um significante referente à lei simbólica da humanidade. À diferença dos outros povos, os judeus, com efeito, se definem pela referência à sua Lei. Isto faz deles um povo à parte, na medida em que não são mais aqui os elementos naturais (língua, território) que vão defini-los.

No contexto da modernidade leiga, os judeus, necessariamente e à própria revelia, vieram encarnar para cada povo a presença de seu grande Outro, isto é, a presença daquilo que evoca a lei. Na situação degradada de psicose social da Alemanha, este grande Outro foi vivido como perseguidor.

Por um efeito de metonímia, os judeus se tornaram, no delírio nazista, portadores dessa instância persecutória do Outro. A partir daí o drama se nodulou, pois o fato de serem assimilados a essa instância persecutória fez com que os judeus perdessem o caráter de seres humanos comuns. Foram privados do estatuto de seres humanos iguais aos outros em direitos. A nossos olhos, trata-se aí

[65] Cf. *Histoire et politique*, textos e testemunhos em torno de Raymond Aron (Julliard, 1985).

de um ato assimilável a um assassinato, que vamos qualificar de simbólico e que foi seguido por um assassinato real: o extermínio.

Para compreender como este ódio aos judeus levou a seu extermínio acelerado, somos obrigados a reconsiderar a história da Alemanha, no seu passado recente e distante. Precisamos, para isto, compreender o que Freud chama de sobredeterminação das causas que conduzem ao ato do genocídio.

Retrospectivamente, devemos lançar uma luz sobre o papel essencial, na constituição "idealista" da cultura alemã, da reforma religiosa que desde Lutero obrigou a Alemanha a viver sob um ideal moral extremamente elevado. O psicanalista sabe que uma tal exigência de moralidade leva a recalcar o gozo perverso que quer o mal do semelhante.

Desde sempre, na Alemanha e na Europa, devido à sua existência como minoria nacional, os judeus foram o bode expiatório portador desse gozo perverso e interditado pela reforma, oficialmente banido da vida social pelos alemães tornados "protestantes". O racismo, os pogroms que acompanharam toda a história da Alemanha, são o sinal deste gozo recusado que retorna e não cessa de insistir.

Hoje, esse problema de coexistência entre as diferentes minorias nacionais tornou-se um problema mundial que se chama de *racismo*. Com efeito, a modernização do mundo, o direito das pessoas à imigração, direito que representa um imenso valor democrático, acarreta e gera, necessariamente, o racismo.

Entretanto, essas causas seriam insuficientes para explicar a passagem ao ato do genocídio, se uma terceira causa circunstancial e no entanto decisiva não se tivesse unido a elas para um destino funesto concernente aos judeus.

Foi, com efeito, essa imposição da psicose social que levou os alemães a investirem os judeus, já "odiados", de uma dupla função: a de serem, por um lado, objeto de angústia e, por outro lado, vividos como agentes perseguidores.

O anti-judaísmo, como já havia notado Freud, deve então aqui ser encarado somente sobre o fundo de um anti-cristianismo violento dos próprios alemães. Essa hostilidade, deslocando-se sobre os judeus, na perspectiva do contexto ideológico das Luzes, destacou progressivamente o significante "judeu" da sua história religiosa e nacional, bem como de sua referência à língua hebraica[66].

O significante *Judeu* tornou-se, desde então, um significante suscetível de ser captado por todas as formas possíveis de delírio, prestando-se na sua

---

[66] A testemunha exemplar dessa impossível negociação entre judeus e alemães é, a nosso ver, o grande filósofo Hermann Cohen. Traduziram-se recentemente, pela primeira vez em francês, seus *Judische Schriften*, sob o título de *L'Éthique du Judaïsme* (Édition du Cerf, 1994).

deriva a um investimento paranóico. Pelos nazistas, certamente, mas também pelos próprios judeus, na medida em que esse significante, assim desacreditado pela História, não lhes oferecia mais segurança suficiente para assentar sua identidade simbólica.

A dificuldade que tiveram os judeus da Alemanha em se inscrever como tais na cultura alemã fragilizou sua posição social. Foi essa situação significante que, de fato, permitiu sua designação de raça inferior.

Foram, então, considerados ao mesmo tempo como angustiantes e perseguidores. Com efeito, desde que essa cristalização do delírio se realizou, o povo judeu na Europa ficou potencialmente em perigo. Tendo perdido seus direitos, perdera ao mesmo tempo a garantia de segurança que a civilização deve oferecer a todos os homens.

Para compreender em que essa assimilação fez fracassar a integração dos judeus na Alemanha, devemos meditar sobre as reflexões de Gershom Scholem[67]. Em seus artigos referentes às relações entre judeus e alemães, ele acentua a disposição de muitos judeus a inventar uma teoria que justifique o sacrifício de sua existência como judeus. De um modo mais radical, Gershom Scholem sustenta que, no fundo, jamais houve diálogo judeu-alemão, que este foi uma ficção, um mito.

Se o racismo traduz o ódio do próximo e de sua diferença insuportável, o anti-semitismo, cuja especificidade acabamos de mostrar, é um caso particular de racismo. O racismo não é, como se acredita, unicamente uma perversão do pensamento. Ele representa muito mais do que isso. Com efeito, ele autoriza todas as derivas possíveis. Nesse sentido, ele é hoje *o primeiro crime contra a humanidade*, um verdadeiro *assassinato simbólico*. E jamais se dará ênfase suficiente à necessidade de interditar sua expressão pública.

Voltando ao caso dos judeus, o racismo comum degenerou em anti-semitismo delirante. Foi, realmente, a vitória deste delírio sobre a sociedade a causa essencial, *jamais explicitada*, do extermínio dos judeus. Dentre as razões fundamentais jamais explicitadas desse *ódio ao judeu*, deve-se sublinhar o horror, a aversão e a angústia inconsciente que os povos experimentaram a propósito da *circuncisão*.

Com efeito, o que significa, então, essa insistência estranha dos nazistas e dos colaboradores de todos os gêneros em querer *ver a ponta do pênis cortado*

---

[67] *Fidelité, utopie, essai sur le judaïsme contemporain*, Calmann Levy.

dos judeus? Segundo a indicação de Freud[68], vamos afirmar que se trata aí de um ato que ultrapassa em suas motivações a verificação policial.

O horror e o fascínio concernentes à circuncisão explicam-se, a nosso ver:

1) pela lembrança de que se deve memorizar o valor imaginário atribuído ao pênis e de que a lei consiste em assumir, para cada um, a castração simbólica de nossa imagem inconsciente. O que implica na necessidade de separar nossa imagem inconsciente desse valor atribuído ao órgão.

2) A circuncisão desperta, além disso, a *angústia de castração* e de devoração que o sujeito incestuoso atribui ao pai tirânico imaginário.

Na lógica desse delírio, compreende-se então a mudança e a graduação das nomeações concernentes aos judeus. Eles tiveram que adotar, à força, diferentes hábitos e diferentes nomes, já que não tinham mais os nomes de família (herança da Revolução Francesa). Logo, os judeus foram, inicialmente, as "Sarah", os "Israël", em seguida criaturas bizarras, os "Luftmenschen", para depois se tornarem "vermes", "ratos", "piolhos a esconder", e finalmente, quando foram assassinados, não "mortos", mas uma espécie de bonecos em celulóide que se chamavam *"Figuren"*, fantoches. De fato, eles eram "coisas" não humanas, mas de forma humana, mesmo assim. Por isso foram objeto de que se chama, erroneamente, de um "holocausto". Mais tarde, em Israel, esses mesmos sobreviventes foram chamados de "sabonetinhos".

Com efeito, o conceito de holocausto não convém, sua utilização é mesmo "abjeta". O holocausto faz referência à velha teoria do sacrifício humano. Esta teoria, que aparece como uma constante da humanidade, nos diz em substância que, para apaziguar os deuses, é preciso derramar sangue humano. É isso que justifica o caráter sagrado do sacrifício.

O que é *abjeto*, aqui, é assimilar um extermínio gerado, em última análise, pela responsabilidade dos homens à alegada vontade de um deus cruel, até mesmo à teoria do resgate de seu suposto assassinato relativo à pessoa do Cristo.

Em seguida à Revolução Francesa, Joseph de Maistre teorizou essa necessidade de holocausto[69]. Segundo ele, os povos não podem escapar, ao longo

---

[68] Os motivos profundos do anti-semitismo se enraízam em tempos há muito passados, procedem do inconsciente dos povos e parecem-me inacreditáveis à primeira vista. Ouso afirmar que ainda hoje os ciúmes com relação ao povo que se considerou o primogênito, favorito de Deus Pai, não foram superados nos outros, como se houvessem acrescentado fé a essa pretensão. Além disso, dentre os costumes pelos quais os judeus se isolaram, o da circuncisão sempre produziu uma impressão desagradável, inquietadora, sem dúvida explicável por lembrar a castração temida, tocando assim num fragmento do passado originário que se esquece facilmente". Freud, *L'homme Moïse et la religion monothéiste*, Gallimard, 1986, p. 184.

[69] *Sur les Sacrifices*, de Joseph de Maistre. Reedição Agora classique - Pocket 1994.

de toda a História, à necessidade de depender de "potências divinas" que apaziguam pela oferenda de um sacrifício.

Num traço genial, Joseph de Maistre periodiza então a História, segundo essa teoria do sacrifício. Ele distingue, nesse sentido, duas grandes épocas:

1) aquela em que a potência divina é um deus cruel que exige carne humana.

2) aquela em que, procedendo do judaísmo e do cristianismo, o sacrifício não é mais o da carne humana, mas incide sobre nós mesmos. Devemos, segundo nossa religião, sacrificar o orgulho que nos impede o acesso à humildade necessária para respeitar nosso próximo[70].

Para Joseph de Maistre, que escreve no fim do Século XVIII, é somente essa segunda época, a da religião cristã e desse sacrifício interno ao espírito do homem, que caracteriza a verdadeira redenção. Todo o resto não passa de "holocausto", ressurgência de religiões antigas e signo de uma crueldade não superada na civilização.

Logo, dizer hoje que o extermínio dos judeus é um holocausto é dizer a verdade, só que se trata da verdade da loucura, e não da razão. A loucura consiste aqui em participar de uma fantasia segundo a qual os judeus seriam mortos para apaziguar um deus cruel enfurecido. Observemos, ainda hoje, a perenidade dessa fantasia que dá a crer que a morte dos judeus representa, como já frisamos, o equivalente substitutivo do sacrifício do Cristo, e a reparação da sua morte, a fim de restabelecer a possibilidade de uma salvação para a humanidade[71]. Caracterizar o extermínio dos judeus pelo termo de holocausto equivale, apesar das melhores intenções, a participar dessa teoria do sacrifício que a humanidade deve recalcar.

O delírio nazista que se exprimia pela idéia seguinte, mil vezes repetida: *"Os judeus querem nos destruir, devemos exterminá-los o quanto antes*", encontrou portanto sua realização no extermínio ligado à resolução da guerra, cada vez mais incerta para os nazistas.

Não se pode decidir com certeza se foi em Wahnsee que Hitler ordenou a Reinhard Heydrich encontrar um plano prático para resolver o problema judeu. Mas este ponto da História é, no entanto, secundário em relação ao essencial: *eles deviam morrer.*

---

[70] Vamos observar que os cristãos, com o rito da comunhão e da obrigação de comer "o corpo" e beber "o sangue" do Cristo, conservaram uma lembrança da antiga religião pagã.

[71] Cf. o filme documentário "Shoah", de Claude Lanzmann.

Com efeito, estes últimos, amontoados aos milhões em guetos, tornavam-se um peso. Já em 30 de janeiro de 1942 Hitler pudera anunciar diante do Reichtag que *"viria a hora em que o pior inimigo mundial de todos os tempos, o judeu, seria desarmado por ao menos um milênio"*.

Mesmo sabendo, hoje, que talvez não houvesse um projeto de extermínio construído há muito tempo, e que se deve levar em conta o caráter aleatório e relativamente autônomo dos grupos de extermínio, os *Einzatz Gruppen*, podemos no entanto afirmar — e é este o ponto decisivo — que esse extermínio estava em "afinidade eletiva" com o sistema nazista na Alemanha e com a ideologia racista na Europa. O extraordinário, hoje, é perceber que esse extermínio, estabelecido pelo conjunto dos aparelhos administrativos, burocráticos e técnicos da Alemanha, que necessitou do concurso de milhares de funcionários e de soldados, bem como da cumplicidade ativa das populações alemã e polonesa, foi considerado como uma coisa normal[72].

Na lógica do nazismo, esse extermínio dos judeus se chamou *Vernichtung*, que vamos traduzir por negação ativa: o extermínio real dos judeus tinha mesmo por objetivo, não somente eliminá-los, mas também apagar os vestígios de sua presença na terra. É nesse sentido que interpretamos a expressão "solução final". Era preciso, com efeito, não tanto encontrar uma solução para o acúmulo problemático de judeus nos guetos do Leste, quanto dar um termo a essa presença angustiante desse Outro perseguidor por eles encarnado. Apenas a teoria psicanalítica, que dá ênfase à psicose social, explica o "inaudito" desse extermínio. Assim como o psicótico, que deve se desembaraçar do objeto do gozo que o sobrecarrega como um objeto real, por não ter podido simbolizá-lo, a nação alemã vomitou os judeus de seu corpo psicotizado. Vômito autorizado pela destituição dos judeus de seus direitos elementares.

É evidente que esta destituição de direitos não podia significar, para os judeus, que eles não fossem mais seres humanos. Mesmo que pressentissem que uma tal inversão de seu estatuto pudesse estar prenhe de conseqüências funestas,

---

[72] O Papa Pio XII manteve-se em silêncio, de maneira culpada. Ele não publicou as encíclicas necessárias contra o racismo e o anti-semitismo que seu predecessor já havia elaborado. As autoridades morais, guardiãs da civilização, falharam, sem sombra de dúvida, em sua missão. Elas deixaram o fascismo instalar-se na vida quotidiana dos povos da Europa de que estavam encarregadas. Pensemos, aqui, na Croácia e em seu tirano da época, Plavlevitch. O fato de que os dirigentes judeus instalados na Palestina pudessem então pensar, quando o extermínio estava sendo executado, na construção de um monumento para os judeus que iriam morrer, e que se tornou o Yad Vachem, nos dá a medida da impotência dos próprios judeus em impedir o livre curso desse ódio que, como um maremoto, rompeu todos os diques da civilização.

não podiam imaginar que se chegaria ao seu extermínio. Essa crença no caráter sagrado da vida impediu-os de resistir de maneira ativa e determinada. Se o infortúnio era possível de ser considerado, o extermínio era impensável. E mesmo mais tarde os judeus ainda se surpreenderam, às portas da morte, com a desumanidade de seus carrascos. Nesse sentido, em entrevista concedida ao jornal *Le Monde* de 29 de fevereiro de 1994, Raoul Hilberg[73] cita o exemplo de um judeu lituano, Slapo Berskis, que perguntou ao homem que devia executá-lo: *"Por que vai me assassinar? Sou um homem como você..."*. Raoul Hilberg se interroga, a propósito dessa reação: *"Como se dá que pessoas conduzidas até a beira de seus túmulos, no momento de serem baleadas à queima-roupa, não se revoltem? (...) Tomem os soldados russos feitos prisioneiros pelos alemães. Sabe-se que seu número elevou-se a cinco milhões. É enorme! Dois milhões dentre eles foram mortos nos campos de prisioneiros alemães, de fome, de doença, de frio, de ferimentos nunca tratados...*

Por que esses homens que, além disso, eram soldados, também não se revoltaram? Talvez porque nos encontremos em presença de um grupo que se crê confrontado com um destino inexorável, e quando se nasceu num sistema comunista, e no lugar de um oficial russo se vê um soldado alemão, perde-se muito depressa a capacidade de imaginar que se possa fazer o que quer que seja. Ou então não se deixariam apanhar tão facilmente...".

Os judeus foram, com efeito, exterminados antes que tivessem o tempo para compreender e concluir. Não tiveram o tempo de ver, com algumas raras exceções. Como, justamente, esse judeu lituano, citado por Hilberg, que acabou por atingir mortalmente seu carrasco... Slapo Berskis teve finalmente o tempo para concluir da maneira necessária, isto é, pela luta de morte.

Durante sua deportação, Primo Levi sentiu profundamente o efeito negativo que teve a expressão nazista "subumano"[74].

"Panwitz é alto, magro, louro: tem os olhos, cabelos e nariz em conformidade com os que todo alemão deve ter e se assenta, terrível, por trás de uma mesa em seu escritório, que é um verdadeiro escritório, limpo, arrumado, bem em ordem, e parece-me que eu deixaria em qualquer coisa que pudesse tocar uma mancha de sujeira.

Quando acabou de escrever, ele levantou os olhos para mim e me encarou. Depois desse dia, pensei muitas vezes e de muitas maneiras no Doutor

---

[73] Entrevista concedida por ocasião do lançamento de seu livro sobre a catástrofe judaica, *1933-1945: Exécuteurs, Victimes, Témoins*, Gallimard, 1994.

[74] *Si c'est un homme*, de Primo Levi.

Panwitz. Perguntei-me o que se poderia realmente passar no interior daquele homem: como ele ocupava seu tempo, para além da polimerização e da consciência indo-germânica; e, principalmente, quando voltei a ser um homem livre, desejei encontrá-lo de novo, não para me vingar, mas para satisfazer minha curiosidade sobre a espécie humana. Pois seu olhar não era o de um homem para outro homem; *e se eu pudesse explicar a fundo a natureza do olhar trocado, como que através do vidro de um aquário, entre dois seres pertencentes a dois mundos distintos, teria explicado, ao mesmo tempo, a essência da grande loucura do Terceiro Reich".*

Este ponto, concernente à privação dos direitos fundamentais, é essencial. Aí reside o momento-charneira onde as coisas deveriam e poderiam ter sido diferentes. Os intelectuais, os eclesiásticos, todos com que a Alemanha contava como homens conscientes poderiam ter dito "não", como fizeram Martin Niemoller e Dietrich Bonhoeffer, homens de fé, é verdade, excepcionais. Não se pode acusar todos os alemães de terem sido desonestos. A realidade é muito mais *trágica*. O trágico provém aqui da irresistível tomada do poder pela *mediocridade* na vida social. Mediocridade que tanto amorteceu o senso de responsabilidade com relação ao próximo e ao estrangeiro: essa subida ao poder da "mediocridade" levou os alemães a essa deriva onde, diante do nazismo, eles foram *culpados*. Ou seja, inicialmente, carrascos e finalmente hipnotizados e arrastados por um delírio de grandeza; eles recalcaram seu dever moral de resistência ao nazismo e acabaram como vítimas.

Esses acontecimentos nos obrigam hoje a procurar, a distinguir, no plano ideológico, a loucura da razão. A contribuição da psicanálise parece aqui insubstituível, já que ela pode conceber esta diferença e afirmar que as ideologias razoáveis, à diferença dos delírios, apóiam-se na integração deste elemento essencial: *a norma psíquica*, a saber, a diferença homem/mulher como modo de constituição do sujeito. Esta significação inconsciente da diferença homem/mulher não é a interiorização de normas sociológicas concernentes aos homens e às mulheres, mas uma integração significante, que nenhuma fórmula precisa pode exprimir. Trata-se pois aí, tipicamente, dessa lei simbólica, lei que existe sem poder se dizer, mas que se pode apreender por seus efeitos: sabemos que estamos em falta, quando a contrariamos. Essa lei é a base ética, universal e inconsciente, sobre a qual cada um constrói seus valores morais.

No plano social, a ideologia louca será aquela que, recusando o sustentáculo dessa diferença homem/mulher inscrita simbolicamente, será obrigada a inventar, de maneira delirante, um critério de normalidade. Percebe-se então que é o racismo que vai representar a manifestação mais comum desse delírio: a diferença entre as raças, entre judeus e não judeus, que o racista ou o anti-semita exalta, supervaloriza, torna-se para ele o substituto desse critério de diferenciação homem/mulher que falta à sua estruturação inconsciente. Logo, o racismo é aquilo que recusa a relação fundamental existente entre universalidade, sexualidade e humanidade. Lembremos, nesse sentido, que a psicanálise chama de *pai simbólico* a referência experimentada pelo sujeito a essa ordem simbólica da diferença homem/mulher. Portado e valorizado pelo discurso materno, este significante paterno, como referência à ordem simbólica da cultura é, por isso, dotado de um certo valor de falo pelo sujeito. Este significante permite uma transferência de gozo, obtida pelo recalque do gozo primeiro, ligado ao corpo da mãe.

Devido a esse recalque, que Freud chama de originário, surge então, como dissemos, para o sujeito, a existência inconsciente de um símbolo sexual, o falo, como pólo do desejo.

Por este motivo, o conceito de pai simbólico possui uma dupla função que consiste em:

1) nodular o desejo à lei, e

2) representar uma autoridade, no sentido de uma injunção a levar em conta uma ordem simbólica de diferença e de nomeação, repousando sobre a obrigação da escolha sexuada entre homem ou mulher.

Se essa norma for integrada no momento da constituição do inconsciente, não haverá mais necessidade de exprimir essa diferença homem/mulher em termos ideológicos, oriundos de uma moral. Vamos formular então que a *normalidade* psíquica não é de ordem empírica, nem, *a fortiori*, de ordem ideológica. Diremos, pois, que se trata aqui de uma *normalidade estrutural e transgeracional.* Quando esta existe, ela atribui ao sujeito, situado em sua posição sexuada homem ou mulher, uma grande liberdade quanto aos papéis e às condutas a manter no encontro amoroso.

No caso do nazismo, essa diferença estruturante homem/mulher não integrada foi substituída pela diferença judeu/não judeu. Ora, contrariamente à diferença homem/mulher, essa diferença pode se formular, sob a condição de admitir que seu critério existe somente na ordem simbólica, sob a forma de um significante, o significante judeu. O delírio nazista consistiu, aqui, em querer enunciar essa diferença significante em termos biológicos. Serão as famosas leis raciais definindo o judeu a partir de sua ascendência.

Essa discriminação difere do critério religioso judeu que, na referência à identidade judia por via da mãe, visa mais a transmissão de uma pertinência significante, portada pelo desejo da mãe, do que a pertinência biológica ou racial[75].

Neste ponto, Hitler encontrou em Goebbels o seu homem. Com efeito, este anti-semita já convicto difundiu o mito nazista sob a forma técnica inédita da propaganda, assegurando, assim, o seu sucesso em escala de toda a Alemanha. Vamos observar que nunca, até ali, a propaganda alcançara uma tal dimensão. Ela tocava em cada um: todo alemão devia ter seu aparelhinho de rádio, pois não bastava aos nazistas conquistar o mundo, era preciso também conquistar todos os ouvidos, fazendo ressoar de modo incessante a grossa voz de barítono de Hitler. Os nazistas captaram igualmente o olhar de todos os sujeitos, pela produção maciça de monumentos e de filmes que encarnavam seu mito. Acima de tudo, tratava-se de oferecer ao imaginário e às pulsões, tanto no nível nacional quanto no nível individual, a imagem de um "corpo são", que se devia, incessantemente, exaltar.

A propaganda nazista junto às massas encontrou sua eficiência no princípio, elevado aqui à potência *n*, da causalidade mágica que existe, em maior ou menor grau, em toda sociedade[76]. A magia, como nos ensinam as crianças, consiste em crer que nossos votos podem se realizar, sob a condição de que sejam intensos. Na Alemanha, a magia consistia em crer que a exaltação da vontade, encarnada de maneira excepcional por um sujeito que se fez caixa de ressonância dessa crença, podia superar os obstáculos.

Foi em nome do Führer que todos, com exceção dos heróis que resistiram ao seu domínio, participaram desse sonho infantil de um feixe — *fascismo* — de vontades. Esta crença no poder mágico da vontade, que foi desmentida pelo real, isto é, pela trágica derrota da Alemanha, representa, como frisa o historiador Robert Pois[77], o retorno de uma religião pagã da natureza no seio do mundo moderno: adora-se, então, a vontade, como outrora os povos adoravam Baal e Astartéia.

É neste sentido preciso que atribuímos uma dupla função às construções mitológicas: uma função de participação no gozo incestuoso, sob a forma de

---

[75] Nossa leitura psicanalítica da pertinência religiosa como pertinência a um significante que funda simbolicamente a identidade de um sujeito permite compreender como e por que é possível reivindicar seu judaísmo de maneira relativamente independente de práticas e crenças religiosas. Isto esclarece, retrospectivamente, a certeza de Freud a propósito de seu judaísmo, apesar de sua infidelidade afirmada à tradição.

[76] Cf. "La science et la verité", in *Écrits*, Jacques Lacan, Seuil, 1966.

[77] *La religion de la nature et le national-socialisme*, Éditions du Cerf, 1993.

uma identificação imaginária, permitindo assim ao sujeito escapar ao mal-estar da castração e ao desencantamento do mundo, característico do tempo presente, e uma função de suporte do desejo, sob a forma de uma identificação simbólica a um traço paterno, a pátria. Os cultos pagãos, com efeito, encenaram em seus rituais um saber sexual sobre o que supostamente faria gozar o deus adorado. Nesse sentido, podem ser ditos perversos, pois reduzem a lei ao gozo, em lugar de apoiar-se naquela para se opor a este.

Assim se esclarece de maneira fulgurante a intuição de Ernst Cassirer[78] que via no nazismo um mito delirante, obrigando a combater os judeus, não em nome de um racismo, e sim no de um anti-judaísmo de princípio. Pois o mito representa, para os sujeitos de um laço social psicotizado, a possibilidade de se enganar, de serem logrados, emprestando assim ao Outro uma vontade má que se trata, evidentemente, de erradicar (*erroten*).

Os principais atores dessa tragédia tiveram o sentimento de uma tal loucura. Assim, Eichman declarou que a matança em massa era a *demência*[79], bem como o pai de Albert Speer que, contemplando as maquetes realizadas por seu filho para Hitler exclamou: *"Vocês ficaram completamente loucos!"*[80].

A civilização moderna, a das Luzes, é em parte a herdeira do judaísmo na medida em que, também nela, a pertinência — desta vez à pátria — é estruturada pela referência ao terceiro simbólico que é o sistema de direito nascido dos *Direitos do Homem*. A pátria não é mais essa coisa primeira, quase natural e à

---

[78] *Le Judaïsme et les Mythes politiques modernes*, Revue de métaphysique et de morale, n.° 3/1991, p. 302-303. Assim, não é sem razão paranóica que Hitler, odiando o judaísmo, sublinha a responsabilidade histórica do cristianismo no advento do mundo moderno.

Ver, ainda, Maser, op. cit., p. 188: *"As causas da decadência do mundo antigo, que Hitler, ardoroso representante da mentalidade neoclassicista, sente como sua pátria espiritual, preocupam-no no auge de seu poder, e não somente sob o ângulo histórico: ele quer tirar delas uma lição para o futuro. Em vez de referir-se aos historiadores profissionais, "freqüentemente reflete ele próprio..." e constrói teorias. Assim, está persuadido de que o mundo antigo pereceu porque a camada dominante inativa produziu filhos em número pequeno demais para assegurar-se dos bens materiais necessários ao estabelecimento e à salvaguarda do seu poderio; havia, assim, uma desproporção numérica entre ela e a camada de escravos que constituíam uma parte da sua fortuna, desproporção tanto mais perigosa quanto "o cristianismo havia apagado as fronteiras entre as ordens sociais". É impossível provar que esta teoria se apoiava na tese de Edward Gibbon, segundo a qual foi o cristianismo que provocou o naufrágio do mundo romano, mas esta é uma hipótese perfeitamente válida. O lugar que Hitler atribui ao judaísmo e ao bolchevismo aparece sob esta luz, como uma teoria histórica que ele crê haver compreendido a tempo e transposto para o plano prático".*

[79] *Eichman à Jérusalem*, Hannah Arendt.

[80] *Au coeur du troisième Reich* de Albert Speer (Fayard, 1972), p. 191.

qual se poderia unir de maneira incestuosa e mítica. Nas sociedades modernas, os indivíduos não são mais tanto os membros de um corpo quanto os cidadãos de uma *República*, isto é, de uma coisa política simbolizada. Isto acarreta a perda de um sentimento vivido de pertinência imediata e imaginária a esses conjuntos políticos, doravante estruturados pelo Direito. É por isso que o corpo social jamais poderá aparecer como um todo compacto que se veria gozar e exultar, salvo se for criada, artificialmente, uma ficção que o encene, como fizeram os nazistas.

A força da mitologia nazista residia na sua capacidade de emendar este corte, propondo um conceito de pátria completamente imaginária, criando as condições de um imaginário desse corpo nacional ausente como tal. Assim, cada alemão tornou-se, pela magia deste mito, não tanto um cidadão do mundo quanto um membro vivo da comunidade do povo, manifestando o gozo suposto da unidade nacional enfim reencontrada.

Para assegurar a hegemonia dessa mitologia, foi preciso contestar inteiramente a cultura. O ódio aos judeus foi o pretexto que levou a essa demolição da cultura. Os autos-de-fé públicos de livros de autores considerados judeus ou degenerados são disso a expressão mais eloqüente. A dissolução da cultura provocou em seguida a derrocada da civilização alemã. Nessas circunstâncias, Hitler tornou-se a fonte suprema de toda autoridade, o que fez desaparecer, no nível social, o conflito de valores entre o permitido e o interdito.

Cada um, então, seguindo nisso a ideologia geral, viu-se descarregado do peso de sua responsabilidade moral e ética onde se situa a dimensão do desejo. Daí essa indiferença quase geral quanto ao infortúnio de outrem, essa ruptura do humano de que falaram todos os testemunhos confiáveis[81].

Numa sociedade assim psicotizada, não foi a banalidade do mal que se instaurou, mas antes a dimensão do dever que desapareceu. Explicamos a exaltação das multidões por Hitler, ao menos num primeiro tempo, por um alívio do fardo da responsabilidade de cada um com relação a seu semelhante. Mas, como em toda psicose, constatamos que a autoridade simbólica foracluída retorna à Alemanha sob a forma de uma aspiração ao chefe, ao *mestre*.

Para que esse apelo à vontade nacional pudesse funcionar e mobilizar o máximo de alemães, Hitler tomou a forma do mestre, do grande chefe, referindo sua ação e sua pessoa ao mito de Frederico Barba-Roxa, o imperador lendário, aquele que se deve despertar para que dê à Alemanha todo o seu esplendor.

---

[81] *Si c'était un homme*, de Primo Levi.

Em nossa tentativa de explicação *retrospectiva* do nazismo, não devemos subestimar a situação catastrófica da Alemanha vencida, ao fim da Primeira Guerra Mundial. Esta situação engendrou a queda do entusiasmo pela civilização. O país inteiro afundou na depressão. A perda do sentimento de grandeza imperial foi tão forte que gerou uma incapacidade, para a nação alemã, de se reconhecer na sua nova forma republicana e democrática que foi a República de Weimar. Com efeito, na democracia, o poder é por definição partilhado, os conflitos não são mascarados. O caráter imperfeito do laço social impõe-se então a todos. Mas nas circunstâncias de uma Alemanha aniquilada, essa imperfeição que necessita, para ser suportada, de uma grande confiança em sua força foi pesada demais para ser vivida.

Essa impossibilidade atravessou a distância entre os ideais da cultura política e as necessidades da sociedade civil. Foi, com efeito, difícil para os excluídos, para a massa enorme de pessoas privadas de qualquer trabalho, continuar conservando sua dignidade. Prostituição, mendicância, perversão, corrupção e adesão ao partido de protesto desenvolveram-se numa escala até então desconhecida.

Compreende-se, então, por que Hitler foi escutado quando acusou os judeus de destruírem a substância da nação alemã pela cultura e pela democracia. De fato, à sua maneira, ele disse que havia uma distância grande demais entre os diversos componentes do povo alemão. Ele disse que as pessoas estavam presas em modos de gozo demasiado antagônicos.

Mas, em lugar de trabalhar[82] pela redução dessa distância, ele a aumentou, referindo as formas de gozo perturbadoras às diferentes minorias do corpo social. Esta maneira de agir exacerbou imediata e necessariamente o racismo, o sexismo, o anti-semitismo e a xenofobia.

Essas paixões conduziram a este ato tão simbólico: o auto-de-fé dos livros, e especialmente dos livros judeus, que significa a impossibilidade, em dado momento e para uma parte importante da população, de seguir a ética implicada por sua cultura.

A Alemanha vencida, pois, não foi capaz de seguir a lógica do movimento da civilização, que age como um progresso contínuo, obrigando cada um a suportar como irmão, a título de concidadão, o semelhante que não o é, tanto do ponto de vista da idade e do sexo quanto da classe. A aspiração nacionalista que se constatou em toda a Europa de antes da guerra, em diversos graus, tornara-se a ideologia dominante na Alemanha. Para sair desse conflito entre sua

[82] Mas é evidente que uma tal prática social que visa sustentar as diferentes formas de sublimação no coletivo caracteriza mais o democrata que o fascista.

civilização vacilante e seu ideal cultural e tradicional extremamente elevado, os alemães vieram a acreditar no mito de uma nação originária enfim reconciliada consigo mesma no seu imaginário.

O nazismo aparece aqui como a expressão mais cruel da derrota da ilusão idealista, que consiste em querer realizar, de maneira autoritária e artificial, o *estatuto ético do gênero humano*, unificando-o à força num ideal superegóico, de preferência a concentrar seus esforços sobre o possível. O possível, aqui, é a reforma política, é a negociação entre os diferentes discursos, que permitem ambas progredir no aparelhamento da justiça e de ajuda social mútua.

Como psicanalista, temos por tarefa criticar incessantemente as ilusões geradas pelo ideal superegóico, que fazem apelo à unidade mítica do povo. Com efeito, cada povo se assemelha, não, como desejaríamos de modo infantil, a uma grande família ou, de maneira mais filosófica, a uma comunidade ética, uma unidade mítica, mas, bem ao contrário, a um coletivo dividido em seus gozos e seus interesses e que nenhuma imposição poderia reunificar[83].

Apesar dos limites, e de sua impossibilidade de pensar o ponto de transcendência ao laço social criado em nós pelo enigma do Outro parental, a ideologia laica tem, entretanto, o mérito de permitir, pela separação da Igreja e do Estado, a existência no seio do laço social de uma pluralidade de discursos implicando diferentes tipos de gozo e diferentes modos de verdade na fala social. Nessa perspectiva, a Revolução Francesa constitui o acontecimento histórico maior, fazendo justamente função de contra-exemplo privilegiado com relação ao nazismo. Com efeito, ela instaurou uma capacidade nova: aquela que permite ao sujeito exercer sua liberdade de pensamento com referência às ideologias sociais. Essa liberdade pode chegar a admitir, no nível das crenças, a idéia de uma falta no gozo que habita o social; o que permite suportar a ausência de "um laço comunitário" caloroso e direto no laço social.

Nas sociedades assim democratizadas, o gozo, liberado da obrigação de servir às crenças dominantes, pode então passar à sublimação, o que permite aos sujeitos o acesso a uma vida mais livre. Essa operação eleva o nível da civilização, criando novas formas e novos espaços de sentidos e de cultura. Aqui, a cultura age como um aparelho complexo que coloca cada um na necessidade de ter que sublimar suas pulsões para realizar sua integração, ascender socialmente e valer mais a seus próprios olhos, bem como aos dos outros.

[83] Devemos aqui distinguir entre ideal e real, pois se como sujeito desejante não podemos renunciar a essa pertinência ao mito de um povo constituído como uma comunidade ética de irmãos, devemos no entanto aceitar o fato de que, na realidade, este ideal não pode ser encarnado e nem realizado pela força.

A sublimação como ganho sobre o gozo auto-erótico não é acessível a todos de maneira igual. Precisamos então reconhecer que essa possibilidade não se origina de uma lógica democrática, e sim de nossos "dados" familiares de origem. Desta desigualdade real face à possibilidade de modificar nossa economia pulsional surge um ódio à cultura.

Nessas circunstâncias, o racismo constitui a ideologia que pode, ao mesmo tempo, negar essas exigências culturais, impossíveis de atingir, e projetar sobre os outros, em geral os grupos minoritários, essa dificuldade de sublimar. Daí nasce a intolerância que pode levar os grupos sociais a se matarem uns aos outros. Devemos agora admitir que essa intolerância racista está, estruturalmente, ligada ao progresso da civilização e da cultura. Isto implica que jamais chegaremos a nos desfazer do racismo. Na medida em que cada civilização se define segundo um certo grau de sublimação das pulsões, é necessário, então, imperativamente, que sua cultura lhe dê a flexibilidade necessária ao seu funcionamento, permitindo-lhe encontrar um modo de administração social dos diferentes gozos (violência, sexo, pornografia).

Logo, não podemos negligenciar a importância, para cada povo, de situar seu gozo numa língua e numa terra particulares, num imaginário de grupo particular onde se constitui a substância de sua pertinência nacional. É por isso que deve haver, no seio de cada nação, uma afinidade, um esforço permanente de ajustamento entre a cultura — a lei simbólica — e a civilização — os modos de gozo e as sublimações. Devemos entender, aqui, que é a flexibilidade do aparelho da cultura, apoiando-se no aparelho psíquico de cada um, que permite a necessária negociação entre os diferentes gozos no seio de cada povo, bem como a obtenção da paz civil. Se este aparelho da cultura vier a faltar, é o laço social por inteiro que estará ameaçado de desaparecimento.

TERCEIRA PARTE

O ENGAJAMENTO DO PSICANALISTA NA CIVILIZAÇÃO

VIII. O CONCEITO PSICANALÍTICO DE PROGRESSO

Uma nova época começa hoje na História. Vamos denominá-la *segunda modernidade*. Segunda, porque podemos considerar que já houve uma primeira modernidade. Foi a era das Luzes. Pode-se dizer que esta terminou com a Primeira Guerra Mundial, seguida pela Segunda Guerra Mundial que teve como efeito encerrar este período.

Chamar esta época de *segunda modernidade*, e não de *pós-modernidade,* significa que um novo projeto das Luzes deve ser instalado. A psicanálise deve desempenhar aí um papel importante. Inicialmente, vamos constatar que o mundo mudou, e que hoje não mais existe abrigo seguro para ninguém. Isto tem múltiplas conseqüências. A primeira delas é a transformação da guerra. Esta muda seu modo de existência. Não é mais tanto um conflito global quanto violência permanente no interior de nossas sociedades. Isto transforma o próprio conceito de política. Hoje a política tornou-se verdadeiramente assunto de todos, na medida em que para todos torna-se difícil assegurar sua simples *sobrevivência*, seu trabalho e o futuro de seus filhos. Logo, a política *entrou*, de uma maneira que Lenin não havia previsto, na nossa vida quotidiana. Este é, portanto, ao mesmo tempo um imenso progresso, mas também um fardo suplementar que esmaga os mais frágeis dentre nós.

Por isso, precisamos dizer e repetir que a *tirania* nos espreita. Esta representa, com efeito, como tentamos demonstrar a propósito de Hitler, o ponto de desmantelamento do sistema. Nesse sentido, estamos situados diante da alternativa simples que consiste, seja em avançar na democracia e no exercício das *liberdades*, seja em regressar ao estado de alienação política sob a autoridade de um tirano, arriscando assim a destruição da civilização. Para prevenir este perigo, é preciso conceber que é no dia-a-dia que se deve defender a civilização, preservando ao mesmo tempo sua arquitetura simbólica.

É aqui que a psicanálise, como *teoria* e como *fala pública*, tem seu papel a desempenhar. Contrariamente à idéia recebida, segundo a qual ela incitaria a só olhar para o próprio umbigo, a psicanálise leva o sujeito a tornar-se cidadão ativo. Ela conduz a problematizar todos os aspectos da vida, e a transformar todas as condições que nos anulam. Nesse sentido, nossa referência à psicanálise transforma a idéia mesma da política. Esta nunca mais será a espera da *grande noite*, nem a união sagrada do *último instante*, para enfim enfrentar o *grande perigo*.

Nossa aposta de psicanalista visa, portanto, a que a política se torne o quadro da ação quotidiana, que se crie o *novo* neste quadro. O *novo* é sempre a vinda inesperada ao mundo de um *novo sujeito*, isto é, de alguém que, por assumir seu lugar, modifica com isso o rosto do Outro social que nos governa. Eis a vocação de base da psicanálise. Isto posto, podemos considerar agora que é preciso também agir em escala de longa duração.

Nessa ótica, o que está em jogo, essencialmente, na civilização é fazer peso e barragem à *psicose social* que, pelo viés da tirania, ameaça sempre. Devemos, então, para fazer barragem a essas loucuras, sustentar o quadro universal do direito servindo de referência a essa civilização mundial: tal é o papel-chave que desempenha e deve desempenhar hoje o significante *direitos do homem*. Este metaforiza o que designamos como *o imperativo da fraternidade simbólica*.

Acentuando essa visada simbólica, somos então confrontados com a antinomia entre o direito positivo, que visa a justiça social, e a lei simbólica, que conduz o sujeito ao desejo. Devemos, então, propor uma solução para essa antinomia. A primeira responsabilidade pública do psicanalista consiste sempre em lembrar que é na lei simbólica, existente sob a forma do respeito à função paterna, que a sociedade encontra seu fundamento. Ao mesmo tempo podemos dizer que a psicanálise, tal como a formulamos, é um *assunto* que toca o interesse público. Assim, apesar de sua exterioridade à esfera do Estado e aos seus interesses, ela focaliza em si a diferença e a articulação entre ética e política, e nos faz compreender que a política jamais pode ser desligada dessa referência à lei simbólica.

Com efeito, devemos impor à política uma condição: a de levar em conta esse ponto de ética irredutível, ponto que vamos chamar de *ponto de opinião verdadeira*, que faz referência à lei simbólica. Mas, à diferença da religião, esse ponto de opinião verdadeira, de ortodoxia, é um ponto de opinião inconsciente que funda, para cada um, seu senso moral inalienável. Não é um dogma coletivo, nem um credo revelado, mas constitui, como Kant já havia enfatizado, o único ponto de apoio que, não se situando nem no céu nem sobre a terra, é aquele que cada um pode encontrar em seu foro interior, para julgar as questões do mundo e agir da melhor maneira.

O traço comum às tiranias que surgiram no Século XX consiste no afastamento dessa verdade insabida na opinião. Trata-se mesmo, aí, a nosso ver, da definição psicanalítica da tirania, pois a tirania priva o homem da sua capacidade de ser *sujeito*, isto é, de ser cidadão em relação com a sua convicção íntima, sua alma e sua consciência. Aquilo que chamamos de *sua verdade*. Podemos entender então por que, no caso do nazismo, a suposta vontade do chefe supremo alienou o livre arbítrio de cada um, como o fez a ideologia de um saber suposto da História nos casos dos regimes comunistas do tipo stalinista.

Hoje, advertidos desses desvios, devemos contestar aos dirigentes dessas ordens tirânicas o estatuto de homens de Estado. Deve-se intervir para limitar o uso da mentira e do crime na política, a fim de obrigar esta última a respeitar a lei simbólica que funda toda a civilização. Vamos assumir assim, portanto, uma posição nova no mundo moderno: a *daquele que diz a verdade*, em relação com a lei simbólica.

O nome do *mestre moderno*, cuja ausência faz bascular a civilização na psicose social, é o significante *Direitos do Homem*, que emergiu durante a Revolução Francesa como valor irrefutável, fixando a partir daí o quadro simbólico da civilização. Essa emergência não manifesta um ato voluntário, uma racionalização *a priori*, mas provém do próprio real social, na medida em que este impõe um significante que faz lei.

Sem título de crédito prévio, ou seja, sem referência a um Deus que o garantisse, este significante *Direitos do Homem* se justifica unicamente por seus efeitos. Ele oferece à humanidade moderna uma espécie de código não escrito que funda um direito imprescritível das pessoas, o que permite a cada um julgar "em seu foro interior" a conduta que tem que manter no mundo.

Logo, para nós, o significante *Direitos do Homem* representa o ponto de ortodoxia, de opinião verdadeira[84], orto-doxa, no laço social da época moderna; ele se apóia em nossa integração da lei, que já referimos à inscrição da *diferença homem/mulher*, adquirida nos primeiros momentos de nossa vida de sujeito junto ao nosso primeiro Outro, a mãe. Este significante designa, por isso, a unidade do gênero humano, para além das características raciais, culturais e sexuais que diferenciam as pessoas.

O significante *Direitos do Homem*, isto é, o *Mestre da civilização moderna*, metaforiza a lei e o progresso herdados das Luzes, que se deve dar a ouvir ao Outro social quando este delira. É preciso, pois, lutar para estender sua autoridade a toda a humanidade sem exceção, a fim de adquirir a dimensão de universalidade necessária à autoridade da lei simbólica.

[84] Cf. Lacan, "L'Étourdit", in *Scilicet*, n.º 4, p. 42, Le Seuil, 1973.

Enquanto aguardamos, diremos pois que é este significante, por si só, que faz "doravante lei", isto é, que assume a função de quadro para o mundo moderno, servindo-lhe de critério estável e metapositivo, para fundar os direitos políticos, pelo menos em quase toda parte...

Mas, para que esse significante tenha essa função fundadora do laço social, ele não deve ser concebido somente como uma ficção, como um ideal consensual onde se elaboram os mitos necessários às crenças que fazem autoridade. Deve ser também dotado de uma capacidade de fazer sentido.

Ele deve, pois, ser um verdadeiro ponto de sublimação do gozo que manifesta o poder inconsciente de evocar "a coisa" que habita cada um de nós, como substituto da presença materna primeira[85]. No sentido forte, esse significante é efetivamente o "ponto sublime" que sustenta a civilização ocidental. Esse significante é, pois, a trama sólida, o pilar da realidade, o ponto de enquadre, o reservatório de energia libidinal em torno do qual esta se simboliza.

Essa exigência dos *Direitos do Homem* leva também à invenção democrática contínua, à invenção das reformas onde este "dizer" possa se encarnar e conduzir à emergência de um estatuto aberto do cidadão. A democracia e seu ideal republicano talvez permitam garantir para o sujeito, na melhor das hipóteses, as condições de sua existência social. Um tal progresso interessa o psicanalista, a quem incumbe a responsabilidade do sujeito como ser de desejo.

É evidente, no entanto, que ao atribuir aos Direitos do Homem esse estatuto de significante fundamental, nós lhes atribuímos um valor que não é redutível àquele de seu uso ideológico ou político. Uso que mascara e por vezes desvaloriza esse significante que, por definição, faz lei, no sentido de obrigação ética, para a cultura inteira. Com efeito, antes de toda ideologia, a realidade simbólica nova, que são os Direitos do Homem, é constitutiva da essência do sujeito moderno que, por isso, se torna sujeito do direito.

Mas se o significante *Direitos do Homem* é realmente o que afirmamos, isto é, a metáfora do pai simbólico na cultura, permitindo a cada um reivindicar seu direito, dispensando assim um pai ideal, sendo assim, à sua maneira, um mestre, ou seja, o contrário de um tirano, não devemos então nos surpreender nem deplorar que esse significante seja constantemente recalcado, foracluído, denegado, fracassado em toda parte do mundo. Ele obriga, com efeito, cada povo e cada nação a pôr fora da lei certas práticas perversas, tais como o sexismo.

---

[85] Devemos então constatar que surge um novo problema. Quanto mais fabricamos "civilizações sublimes", mais aumentamos nossas dificuldades de viver em tais situações. As novas exigências engendram novos fracassos: da vida amorosa (deseja-se de um lado, ama-se de outro), do trabalho, da capacidade, enfim, de se afirmar como cidadão ativo num mundo aberto à competição.

Além disso, o significante *Direitos do Homem* nos permite articular moral e política e compreender por que, no caso do nazismo, a condenação dos criminosos nazistas é legal no sentido mais forte, aquele da lei simbólica.

Compreendemos então aí por que, depois da guerra e diante do confronto com seus horrores, os aliados perceberam, no contexto do Tribunal de Nuremberg, a importância da lei simbólica, marcando a diferença entre crime de guerra e crime contra a humanidade. Esta distinção leva em conta o fato de que os crimes contra os povos como tais, judeus, ciganos, eslavos, representam uma tentativa de eliminar o quadro simbólico da civilização, eliminar o que é sua lei, seu significante mestre: o Direito do Homem como unidade do gênero humano.

O que aconteceu na Alemanha, portanto, não poderia ter acontecido, digam o que disserem, na França ou na Itália. Hitler, Pétain e Mussolini não se situaram da mesma maneira com referência a essa lei simbólica fundamental. À diferença de Pétain, que mandava a milícia cometer seus crimes, mas com tato e delicadeza e no respeito ao direito, Hitler não somente quis mas foi também posto em posição de exceção no que toca ao sistema de leis da cidade. Nessa relativa submissão à lei, a canalha de Pétain encontrou um limite que se afastava da pulsão maníaca de Hitler, o que fez deste um criminoso fora da norma. Hitler foi, pois, um tirano. O tirano dos tempos modernos. Ele foi realmente essa "besta do Apocalipse", como o havia premonitoriamente chamado Hermann Rauschning.

Para além das medidas políticas e jurídicas que sancionam e inscrevem, no social, essa função normativa dos Direitos do Homem, é necessário agora aprofundar essa função de mestria nova que ancora solidamente o barco da civilização, impedindo-o de ser um barco à deriva, em cuja ponte se poderiam cometer abjeções.

Nesse sentido, a lembrança de Auschwitz como referência da *abjeção moderna* não pode mudar nosso mundo. É-nos possível ignorar o pior, é mesmo provável que haja um recalque desse acontecimento insuportável, um esquecimento deste horror.

Mas, como psicanalista portador de uma fala pública, devemos fazer mais que propor um dever de memória quanto a esses acontecimentos. Devemos fazer saber que este *horror* poderia ser o nosso futuro se cessássemos nossa vigília.

Nessa perspectiva, é útil meditar no exemplo da República Federal Alemã que, depois da guerra, inscreveu na sua constituição, na sua *lei fundamental*, um novo direito: o de resistir ao código civil quando este último se tornar perverso.

Ela proibiu igualmente, na constituição, a dúvida quanto à abjeção cometida durante a guerra contra os povos mártires[86].

Mas é preciso ir ainda mais longe e pôr em obra um estatuto do cidadão encarnando estes Direitos do Homem, atribuindo aos sujeitos um poder sempre maior. Isso obrigará o Estado a não se comportar como um tirano e a se contentar com seu papel de mestre.

Mas, principalmente, precisamos inventar, em prazo mais longo uma nova e profunda maneira de nos referirmos, socialmente e em massa, a uma doutrina superior relativa aos limites da política e do Estado. Logo, precisamos aprofundar a teoria de um poder constitucional que garanta as liberdades fundamentais.

A referência ao poder constitucional deve, nessa ótica, tornar-se o que chamamos de um *significante*, como o significante *Direitos do Homem*. Sob esta condição ela se tornará *a coisa sagrada* que deveria ser. Pois ela deve poder representar a liberdade para os povos. Este princípio constitucional, já destacado na filosofia política, ainda não tem a importância, o alcance e a força que fazem com que ele não possa ser violado impunemente.

O avanço dessa *nova filosofia política* nas sociedades permitirá o poder de "dizer não" àqueles que pudessem reduzir a lei fundamental à ordem do simples instrumento útil. Esta Constituição deverá se estabelecer e manter um corte, uma diferença de autoridade entre as visadas ideológicas das vontades particulares e o valor simbólico supremo da lei articulada em torno do significante *Direitos do Homem*.

Essa importância dada à Constituição implica que se refute como falaciosa a tese do positivismo jurídico, segundo a qual a lei pode receber qualquer conteúdo. Esta tese conduz a afirmar, por exemplo, que do ponto de vista da ciência jurídica o direito sob o regime nazista ainda era o direito. Sabemos hoje que, para "dar certo", o nazismo teve que transformar o sistema do direito, reduzi-lo ao estatuto de utensílio do qual se pode decidir à vontade que uso fazer. Foi-lhe necessário condensar o lugar do legislador fundamental e o do governo político. Esta manipulação jurídica fez de Hitler, não somente o Führer, mas também o chefe do Estado e o Chanceler do Reich, isto é, o mestre absoluto, dispondo de um poder superior ao do próprio Imperador Guilherme II.

O direito positivo da humanidade se situa, por sua vez, numa outra dimensão. Ele só se concebe com relação a um ideal de justiça que nos leva a

[86] A História recente da Alemanha, e da França com o caso "Faurisson" e sua tentativa revisionista, mostra que essa negação do assassinato dos judeus ainda não foi resolvida de uma vez por todas.

reformá-lo incessantemente. A civilização consiste neste *esforço incessante de adequação* entre a *lei simbólica* para o sujeito e *a exigência de justiça* para o coletivo. O progresso consiste aqui em continuar indefinidamente este *esforço de adequação*. É neste sentido que o ideal de progresso é a *causa* que devemos defender.

Por progresso, entendemos aqui a teoria seguinte:

1) aquela que concerne *ao coletivo*, teoria em que o progresso é situado como o infinito de um *movimento circular*, onde progredir significa girar num esforço permanente de reformas do laço social. Progredir[87] quer dizer, então, jamais cessar de *destruir* e de *inventar* as instituições sociais necessárias à reforma, e jamais cessar de progredir na enunciação simbólica do "direito",

2) uma teoria do progresso para o "sujeito"; esta teoria visa a obtenção de um "absoluto", o da passagem ao "desejo".

Vamos observar que uma tal teoria do progresso na civilização permite então ao psicanalista dispensar tanto a categoria da *esperança* quanto a do *desespero*, ainda que sob a capa da moderna retomada da teoria da *causa perdida,* no sentido dos trágicos gregos: isto é, no sentido de uma aceitação do *niilismo.*

Observemos ainda que essa teoria psicanalítica do progresso na civilização *não é uma teoria do sentido da História*, mas bem ao contrário, uma teoria que põe em causa, radicalmente, a própria idéia de "sentido" na História, bem como os "ideais" que servem para formulá-lo. O progresso, no sentido psicanalítico, consiste em ajudar a humanidade a se desprender dessas "ficções mestras", em proveito de uma *adesão entusiasta* aos objetos que fazem com que nos apeguemos à vida.

Para a psicanálise, sendo *o Outro social,* por natureza, inconsistente, é pois da maior importância aceder a uma forma *superior de ceticismo* com relação aos ideais.

Portanto, se o psicanalista deve sustentar o progresso simbólico das instituições, é necessário, no entanto, que ele reconheça que nem tudo é matéria de tratamento histórico, e por conseguinte de progresso na estrutura do laço social. Assim, o "conjugo" entre homem e mulher escapa, em parte, a esta dialética do laço social e constitui, por isso, como a diferença entre senhor e escravo, o outro ponto de inércia dificilmente dialetizável da estrutura do laço social. Com efeito, a diferença entre senhores e escravos, no nível da relação de cada um com o gozo, é o ponto de inércia irredutível do laço social. É a desigual submissão inaugural ao desejo do nosso Outro que nos abre para a dialética do desejo,

---

[87] É por isso que falamos da *roda da História.*

e nos impulsiona no jogo da troca social. Precisamos, pois, como sujeito, escolher ser *escravo*, isto é, escolher a *morte*, aceitar perder a esperança de um gozo fusional primeiro que, aliás, nos falta. Aceitando essa *frustração*, o *escravo* se torna, de fato, o *senhor* suscetível de manter sua posição de sujeito no jogo da troca social. Esta diferença entre *senhores* e *escravos* é, evidentemente, geradora ao infinito de injustiça. Ela leva, necessariamente, os homens a se dividirem e se posicionarem entre eles de maneira hierárquica, como dominadores ou dominados. Se não podemos cessar de querer combater essa injustiça, devemos admitir que essa dimensão de injustiça é, no entanto, um real irredutível. A psicanálise encontra aqui sua razão de ser, já que ela permite, a cada um que o deseje, não mais ser escravo de seu gozo e poder então descobrir a via do desejo. Saindo de sua escravidão, o sujeito tornado desejante se torna uma força capaz de mudar o mundo. Apostar no sujeito seria, pois, o exato contrário de uma aposta utopista.

É por isso que Lacan[88] tem profunda razão quando dispensa a terceira pergunta que, segundo Kant, exprime o interesse fundamental de nossa razão, a saber, *"o que posso esperar?"*. A resposta de Lacan, maravilhosamente breve, é: *"o que quiser"*.

---

[88] Cf. *Télévision*, Le Seuil, 1974.

ANEXO

Apresentação Esquemática da Estrutura do Progresso na Civilização

Tentaremos agora resumir nossa dupla teoria psicanalítica do progresso: *progresso ético absoluto* para o sujeito, *progresso político circular,* para o laço social, na série dos esquemas seguintes.

Vamos distinguir, portanto, em primeiro lugar, o que nos aparece como os quatro elementos constitutivos, as quatro instâncias em relação de covariância, nessa estrutura do progresso.

Sejam, pois:

1- A instância de direito

2- A instância da cultura

3- A instância da civilização como articulação do conjunto das práticas sociais

4- A instância dos significantes fundadores da identidade simbólica coletiva, como por exemplo o significante *França*, ou o significante *República.*

Vamos esquematizar as instâncias desta estrutura sob a forma de "círculos" em interação.

A ESTRUTURA DO PROGRESSO NA CIVILIZAÇÃO COMO MARCHA CIRCULAR

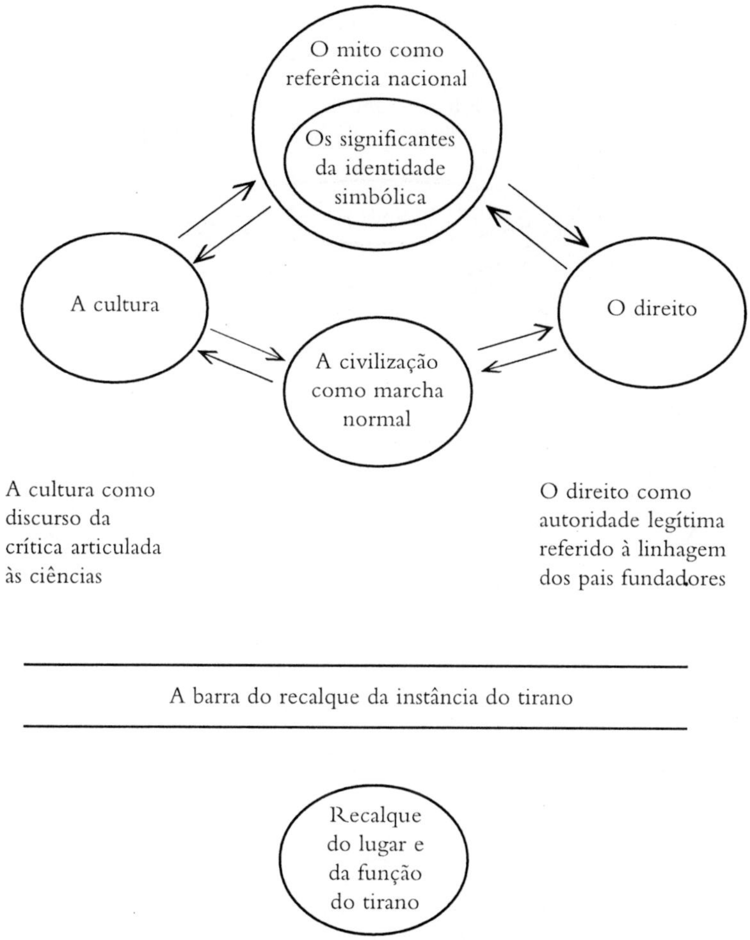

Esquema nº 1

A PSICOSE SOCIAL

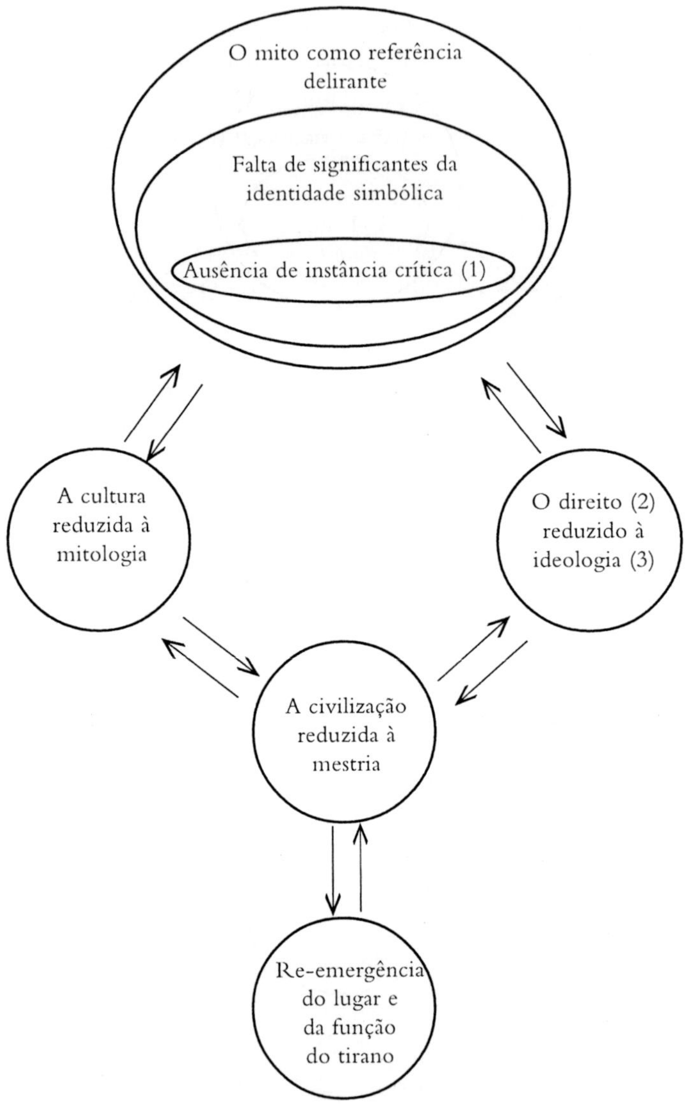

Esquema n.º 2

1) Definiremos o conceito de *instância crítica* no social como o jogo dos discursos na cultura, em referência à lei simbólica da humanidade.

2) Existe, como afirmava Freud em "Totem e tabu", uma teoria psicanalítica do Direito. O Direito, articulado ou não em sistema, só vale como a expressão da lei simbólica da humanidade. O Direito, à diferença da ideologia, ultrapassa a visada social para apoiar-se nos *significantes* que o fundam e legitimam.

3) Por *ideologia*, entendemos simplesmente aqui os sistemas de idéias necessárias aos indivíduos e às coletividades para representar suas relações com o mundo e a sociedade.

AS DUAS MODALIDADES DO SINTOMA SOCIAL

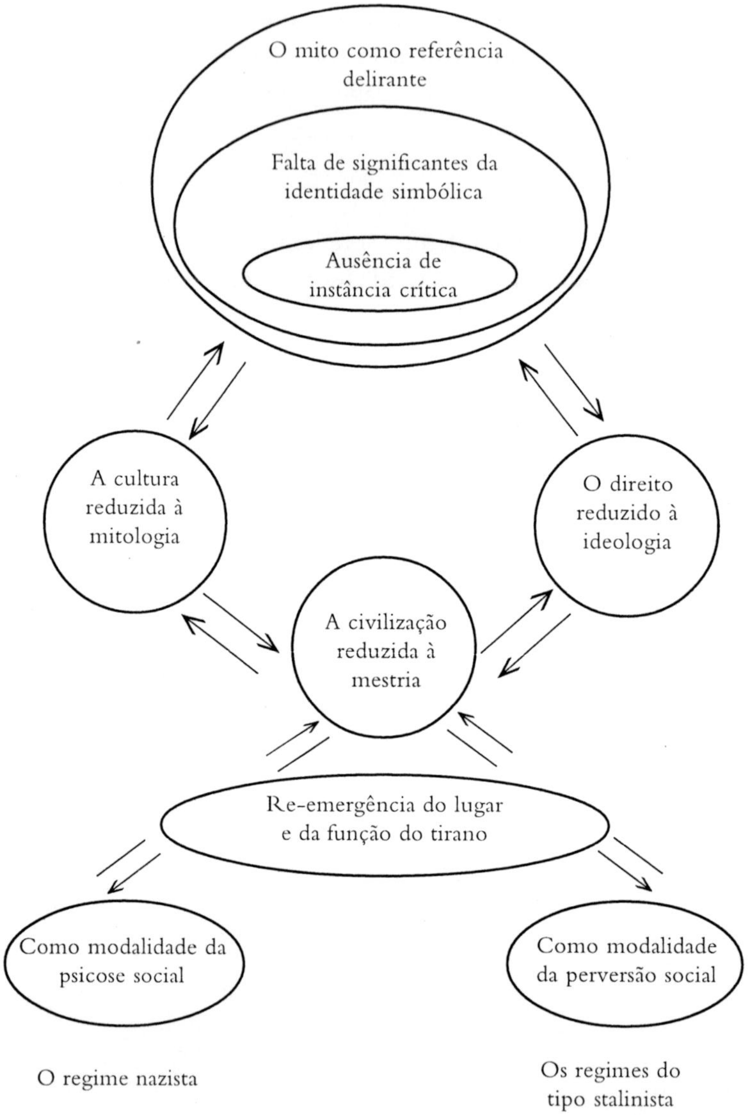

Esquema n.º 3

BIBLIOGRAFIA

ARENDT, HANNAH

Eichman à Jérusalem, Rapport sur la banalité du Mal, Folio Histoire, 1991.
Le système totalitaire, Le Seuil, 1972.

BORMAN, MARTIN

Libres propos, Flammarion, 1952.

CASSIRER, ERNST

Le judaïsme et les mythes politiques modernes, Revue de métaphysique et de morale N° 3, 1991.

COHEN, HERMANN

L'éthique du judaïsme, Edition du Cerf, 1994.

DARRÉ, WALTER

La race, nouvelle noblesse du sang et du sol, Tradução francesa, Sorlot, 1939.

FREUD, SIGMUND

Psychologie des foules et analyse du moi, in *Essai de psychanalyse*, Payot, 1985.
Considérations actuelles sur la guerre et la mort.
Totem et tabou.
Etat amoureux et hypnose, in *Essai de psychanalyse*, Payot, 1985. *Moïse et le monothéisme.*

HILBERG, RAOUL

La destruction des juifs en Europe, Folio Histoire, 1991. 1933 - 1945 : Exécuteurs, victimes, témoins, Gallimard, 1994.

HIMMLER, HEINRICH

Discours secrets, Gallimard, 1978.

HITLER, ADOLF

Mein Kamph, Nouvelles éditions Latines, Reedição, 1979.

JASPERS, KARL

Histoire et politique, Textes et témoignages autour de Raymond Aron, Julliard, 1992.

KERSHAW

Qu'est-ce que le nazisme?, Folio Histoire, 1992.

LACAN, JACQUES

Écrits, "Du traitement possible de la psychose," Le Seuil, 1966.

Ecrits, La science et la vérité, Le Seuil, 1966.
Encore, Le séminaire Livre XX.
L'étourdit, Scilicet, Nº 4, Le Seuil, 1973.
Télévision, Le Seuil, 1974.
L'envers de la psychanalyse, Le séminaire Livre XVII.

LEBON, GUSTAVE
Psychologie des foules, 1895.

LEVI, PRIMO
Si c'est un homme.

MAISTRE, JOSEPH DE
Sur les sacrifices, Reedição Agora Classique-Pocket, 1984.

MASER, WERNER
Prénom : Adolf. Nom : Hitler, Plon, 1973.
Hitler inédit, Écrit intime et document, Albin Michel, 1975.
Hitler Adolf, Plon, 1973.

MILLER, ALICE
C'est pour ton bien, Aubier, 1994.

POIS, ROBERT
La religion de la nature et le national socialisme, Edition du Cerf, 1993.

POLIAKOV, LÉON
La causalité diabolique, Fayard.

ROHMAN
Hitler, le juif et le troisième homme, Paris, PUF, 1983.

SCHOLEM, GERSHOM
Fidélité, utopie, essai sur le judaïsme contemporain, Calman Lévy.

SPEER, ALBERT
Au coeur du troisième Reich, Edition Fayard, 1971. Artigo de 7 de setembro de 1944 no *Volkischer Beobachter.*

STEINERT, MARLIS
Hitler, Fayard, 1991.

STERN, J.-P.
Hitler, le führer et le peuple, Flammarion, 1985.

TAGUIEFF, P.-A.
Histoire et usage d'un faux. Les protocoles des sages de Sion, Berg International, 1992.

WELLERS, G.
De la mégalomanie collective au crime inexplicable in "Révision de l'histoire", Cerf, 1990.

markgraph
Rua Aguiar Moreira, 386 - Bonsucesso
Tel.: (021) 564-1056 Telefax.:(021) 270-5696
Rio de Janeiro - RJ